面向"十二五"高职高专项目导向式教改教材·丿

基础会计模拟实训
(单项、综合)

陈小英　主　编

张仁杰　陈梅容　陈慧莉　副主编

清华大学出版社

北　京

内 容 简 介

本书是同期出版的《基础会计》的配套实训书,主要由三个项目构成。项目一——基础会计实训指导,包括课程实训的目的、实务操作的要求与方法;项目二——基础会计单项实训,根据"基础会计"各章内容及顺序,以"证、账、表"为主线,分项训练,强化学生会计核算基本技能;项目三——基础会计综合模拟实训,要求学生将零散的知识融会贯通,完整掌握会计核算的全过程,结合某一工业企业的实际经济活动,直接以原始凭证再现企业的主要经济业务,使学生置身于会计实际工作之中,培养其从事初级会计工作的岗位能力。

本书既可作为高职高专院校、成人高等学校会计专业及财经类相关专业学习基础会计课程的配套同步实训用书,也可作为在职会计人员培训及自学用书。

图书在版编目(CIP)数据

基础会计模拟实训(单项、综合)/陈小英主编. —北京:清华大学出版社,2016(2020.1重印)

(面向"十二五"高职高专项目导向式教改教材·财经系列)

ISBN 978-7-302-44905-8

Ⅰ. ①基… Ⅱ. ①陈… Ⅲ. ①会计学—高等职业教育—教材 Ⅳ. ①F230

中国版本图书馆 CIP 数据核字(2016)第 212950 号

责任编辑:梁媛媛
封面设计:刘孝琼
责任校对:周剑云
责任印制:杨 艳

出版发行:清华大学出版社

网　　　址:http://www.tup.com.cn, http://www.wqbook.com
地　　　址:北京清华大学学研大厦 A 座　　　邮　　编:100084
社 总 机:010-62770175　　　　　　　　　邮　　购:010-62786544
投稿与读者服务:010-62776969, c-service@tup.tsinghua.edu.cn
质量反馈:010-62772015, zhiliang@tup.tsinghua.edu.cn
课件下载:http://www.tup.com.cn, 010-62791865

印 装 者:北京鑫海金澳胶印有限公司
经　　销:全国新华书店
开　　本:185mm×260mm　　印 张:18.25　　字　数:258千字
版　　次:2016 年 9 月第 1 版　　　　　　印　次:2020 年 1 月第 4 次印刷
定　　价:36.00 元

产品编号:069346-01

前　言

　　会计学是一门实践性很强的学科，而会计工作是一项对技术规范要求很高的工作。会计职业技术教育在赋予学生从事会计工作所必需的基础理论的同时，还培养学生分析、处理各种经济业务的操作技能。会计模拟实训是会计教学中不可缺少的环节，是巩固学生会计理论知识并提高其实际操作技能的重要手段。本书编写的立足点是加强学生的会计操作技能，使学生通过对各种会计业务的训练，掌握凭证填制、账簿登记、报表编制的基本操作技能，真正培养出符合高等职业教育目标的技能型、应用型人才。

　　本书共分基础会计实训指导、基础会计单项实训和基础会计综合模拟实训三个项目，内容涉及会计基础书写、会计凭证的填制与审核、会计账簿的设置与登记、错账的查找与更正、银行存款余额调节表的编制、资产负债表和利润表的编制、企业主要业务核算等基础规范和操作技能。通过完成这样一个完整的会计核算操作过程，使学生进一步理解会计核算方法之间的相互关系，完成从理论到实践的飞跃。

　　本书的特点表现在：针对性强，切合职业教育目标，重点培养职业能力，侧重技能传授；科学、实用，面向应用型人才的就业，注重培养学生的实践能力；内容新颖，借鉴国内外最新的教材，融会当前最新理论，遵循最新发布的各项准则、规范；方便教学，提供实训参考答案，适合教学需要。

　　本书由福建农业职业技术学院的陈小英、张仁杰、陈梅容、陈慧莉共同编写。具体的编写分工是：陈小英编写项目一和项目二中的实训一、实训四、实训五；张仁杰编写项目二中的实训二；陈慧莉编写项目二中的实训三、实训六；陈梅容编写项目三；最后由陈小英总纂定稿。

　　本书在出版过程中得到了清华大学出版社的大力支持。另外，在编写过程中，我们参阅了许多基础会计实训教材，吸收、借鉴、引用了近年来高等职业教育的最新教改成果及有关资料，在此一并表示诚挚的谢意！

　　由于编者水平有限，书中难免有不妥之处，敬请读者批评指正，以便在修订时改正。

编　者

目　　录

项目一

基础会计实训指导

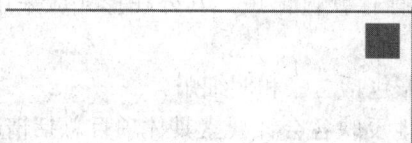

一、课程实训的目的

基础会计实训的目的是熟悉会计核算流程；掌握财会书写规范，会计凭证的基本要素、填制和审核方法，会计账簿的格式与内容，登账方法和要求，以及编制会计报表的方法。通过操作训练，使学生掌握会计基本技能，巩固所学理论知识，培养分析问题的能力和动手操作的能力，为今后会计实账训练打下良好的基础。

二、实务操作的要求、方法和应注意的问题

(一)建账

1. 建账的要求

(1) 日记账。日记账是逐日、逐笔记录现金和银行存款基本情况的序时账簿，各单位应建立现金日记账和银行存款日记账。其外在形式应采用订本式，账页格式一般选用三栏式。

(2) 分类账。分类账包括总账和明细账。

总账是定期、分类地反映各会计要素具体项目总括情况的会计账簿。各单位应按照规范的一级会计科目，结合本单位的实际需要设置必要的总分类账。其外在形式应采用订本式，账页格式一般选用三栏式。

明细账是定期、分类地反映各会计要素具体项目详细情况的会计账簿。各单位可以根据本单位的实际需要在所设置的各总分类账下设置各所属的多个明细账，借以提供更为详尽的会计信息。明细账的外在形式可以采用订本式、活页式和卡片式等多种形式，账页格式应根据核算对象的不同要求分别采用三栏式账页、多栏式账页、数量金额式账页及各种专用账页。

2. 建账的方法

(1) 填写账簿启用表。按照规定和需要取得各种账簿后，应在账簿的封面标明各账簿的名称，然后按照规定填写账簿启用表。

(2) 按照国家税法规定缴纳印花税。

(3) 按照会计要素的具体项目填写账户名称。

(4) 根据会计资料将期初余额填入各日记账、明细账和总账。

3. 建账应注意的问题

(1) 建账时所填写的内容应使用蓝黑或碳素墨水笔。

(2) 建账时书写错误应按照会计法规规定的方法更正。

(3) 印花税按年缴纳，由会计人员自行计算、自行贴花、自行加盖印签、自行画线注销。

4. 操作流程

建账操作流程如图 1-1-1 所示。

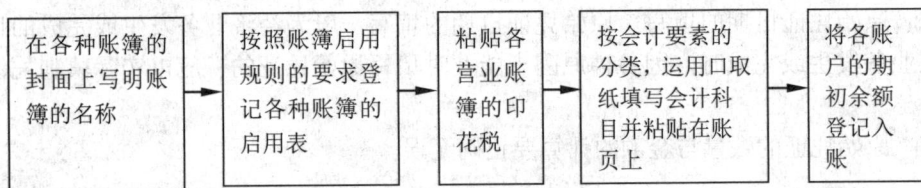

在各种账簿的封面上写明账簿的名称	→	按照账簿启用规则的要求登记各种账簿的启用表	→	粘贴各营业账簿的印花税	→	按会计要素的分类,运用口取纸填写会计科目并粘贴在账页上	→	将各账户的期初余额登记入账

图 1-1-1　建账操作流程

(二)原始凭证的填制与审核

1. 原始凭证的填制

(1) 内容完整,即每张原始凭证的内容必须逐项填写齐全。例如,原始凭证的名称;接受凭证的单位;凭证的日期;经济业务的内容、数量、金额;填制人及有关的印鉴等。需要注意的是,如果是外币,要注明货币单位。

(2) 记录真实,即凭证上必须如实地记载所发生的经济业务,不得伪造、乱编原始凭证。

(3) 填制及时,即每项经济业务所涉及的部门或人员必须及时填制有关原始凭证。

2. 原始凭证的审核

(1) 审核原始凭证的真实性,即原始凭证上所有项目是否填全;有关人员或部门是否签章;摘要、金额是否填写清楚;金额计算是否正确;大、小写金额是否一致;等等。

(2) 审核原始凭证的合法性、合规性和合理性,即原始凭证所反映的经济业务是否符合国家颁布的有关财经法规、财会制度,是否有违法乱纪等行为。

3. 填制原始凭证应注意的问题

(1) 原始凭证字迹必须清晰、工整。具体要注意以下几点。

① 阿拉伯数字应当一个一个地写,不要连笔写。阿拉伯金额数字前应当书写货币币种符号或者货币名称简写和货币币种符号。币种符号与阿拉伯金额数字之间不得留有空白。凡阿拉伯数字前写有币种符号的,数字后面不再写货币单位。

② 所有以元为单位(其他货币种类为货币基本单位,下同)的阿拉伯数字,除表示单价等情况外,一律填写到"角""分";无"角""分"的,角位和分位可写"00",或者加符号"—";有"角"无"分"的,分位应当写"0",不得用符号"—"代替。

③ 汉字大写数字金额如零、壹、贰、叁、肆、伍、陆、柒、捌、玖、拾、佰、仟、万、亿等,一律用正楷或者行书体书写,不得用〇、一、二、三、四、五、六、七、八、九、十等字代替,不得任意自造简化字。大写金额数字有分的,分字后面不写"整"或者"正"字。

④ 大写金额数字前未印有货币名称的,应当加填货币名称,货币名称与金额数字之间不得留有空白。

⑤ 阿拉伯金额数字中间有"0"时,汉字大写金额要写"零"字;阿拉伯金额数字中

间连续有几个"0"时,汉字大写金额中可以只写一个"零"字;阿拉伯金额数字元位是"0",或者数字中间连续有几个"0"、元位也是"0"但角位不是"0"时,汉字大写金额可以只写一个"零"字,也可以不写"零"字。

(2) 原始凭证日期的填写。原始凭证日期的填写一般为经济业务发生或完成的日期。如果在业务发生或完成时,因各种原因未能及时填写原始凭证的,应以实际填制凭证日期为准。

(3) 原始凭证的数量与金额的计算要正确无误。

4. 操作流程

填制与审核原始凭证操作流程如图 1-1-2 所示。

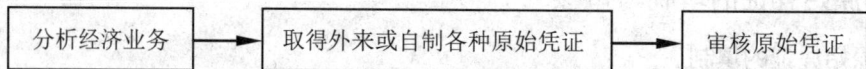

图 1-1-2　填制与审核原始凭证操作流程

(三)记账凭证的填制与审核

1. 记账凭证的填制

(1) 记账凭证上所有项目必须填写清楚,具体如下。
① 编制记账凭证的日期、凭证编号。
② 经济业务内容摘要。
③ 记账符号及会计科目名称和金额。
④ 所附原始凭证张数。
⑤ 有关人员签章。
(2) 账户的运用要正确,对应关系要清晰。

2. 记账凭证的审核

(1) 会计账户的运用是否正确,明细账户是否填全,账户对应关系是否清楚。
(2) 记账凭证所附原始凭证是否齐全,记账凭证与原始凭证内容是否相符,金额是否正确。
(3) 记账凭证中有关项目是否填写齐全,有关人员是否签章。

3. 填制记账凭证应注意的问题

(1) 记账凭证的核算单位。
使用专用记账凭证核算单位,在填制记账凭证之前应根据经济业务的性质,确定所使用的记账凭证种类,即收款凭证、付款凭证和转账凭证;涉及现金及银行存款的收付业务时,应使用收、付款凭证,不涉及现金及银行存款之间的相互划转的经济业务只能使用转账凭证。需要注意的是,凡属于现金与银行存款之间的相互划转的经济业务(将现金存入银行,从银行提取现金),只能填写付款凭证(现金付款凭证或银行存款付款凭证),以免重复记账。

(2) 记账凭证的日期、编号、摘要的填写应规范。

① 记账凭证的日期填写一般为填制记账凭证的当天日期，但是在实际工作中要根据具体的情况来填写。涉及银行存款的收付时，一般根据银行的进账单或回执填写收款凭证；根据银行付款单据的日期或承付日期填写付款凭证。出差人员报销差旅费时，应填写报销当日的日期；现金收付时应根据实际收付日期填写。

② 记账凭证的编号，可在填写记账凭证时填写，或者在装订时填写，也可在月末填写。编号时，要根据收付转凭证分别编号，复杂的会计事项，需要填制两张以上的记账凭证时，可采用分数编号法进行编号。例如，第 5 号记账凭证的会计事项要编制 4 张记账凭证，则第 1 张记账凭证的编号为 $5\frac{1}{4}$，第 2、第 3 和第 4 张记账凭证的编号分别为 $5\frac{2}{4}$、$5\frac{3}{4}$、$5\frac{4}{4}$。

③ 记账凭证的摘要应简明、扼要。具体应注意：收、付款凭证的摘要应写明收、付款对象的名称、款项内容，如果是使用转账支票付款的，还应写明支票号码。购入材料等业务的摘要应写明供货单位名称和所购材料的主要品种、数量等内容。对于冲销或补充的调整业务，在填写内容摘要时，应当写明被冲销或补充记账凭证的编号及日期。

(3) 记账凭证的科目应填写完整、准确。

① 会计科目填写要完整，不许简写或用科目编号代替。

② 应写明一级会计科目和明细会计科目，以便登记明细分类账及总分类账。

③ 注意会计科目的对应关系。

(4) 记账凭证的金额数字应填写正确。具体要注意以下三点。

① 记账凭证的金额必须与原始凭证上的金额一致。

② 在填写金额数字时，应平行对准借贷栏次和科目栏次，如果角位与分位没有数字金额，要写"00"字样。

③ 每笔经济业务填入金额数字后，要在记账凭证的"合计"栏填写合计金额，合计金额数字前应填写人民币符号"¥"，如果不是合计数，则不应填写人民币符号。

(5) 记账凭证所附原始凭证的张数要正确。

一般来说，记账凭证应附有原始凭证，并注明所附原始凭证的张数。具体要求是：收、付款凭证应附有附件，转账凭证属于摊提性质的应有附件。记账凭证的张数确定有两种方法：即自然张数法和金额法，前者以所附原始凭证张数的自然张数为准，后者则以构成记账凭证金额的原始凭证计算张数。如果一张原始凭证涉及几张记账凭证，可以把原始凭证附在一张主要的记账凭证后面，并在其他记账凭证上注明附有该原始凭证的记账凭证的编号或附原始凭证复印件。

(6) 记账凭证的签章问题。

记账凭证填制完成后，需要有关会计人员签名或盖章。

4. 操作流程

填制与审核记账凭证操作流程如图 1-1-3 所示。

$$审核各种原始凭证 \rightarrow 填制(专用)记账凭证 \rightarrow 审核(专用)记账凭证$$

图 1-1-3　填制与审核记账凭证操作流程

(四)账簿登记与错账更正

1. 编制汇总记账凭证

(1)　编制汇总记账凭证的要求与方法。

①　汇总记账凭证必须具备以下内容：填制日期；凭证编号；会计科目；金额；所附记账凭证的张数；填制凭证人员、稽核人员、记账人员、会计主管人员的签名或盖章。

②　填写汇总记账凭证时，应对汇总记账凭证进行连续编号。

③　要按照收款凭证、付款凭证、转账凭证分类编制汇总记账凭证。

(2)　其他注意事项如下。

编制汇总记账凭证时，应以审核无误的记账凭证为依据，定期(以 5 天或 10 天为一期)编制，并对汇总记账凭证分类、连续编号。

在编制汇总记账凭证时，为了防止漏编、重编的现象出现，应在已经汇总的记账凭证上画"√"，表示已编制完成。

汇总收款凭证的特征是：借方科目为库存现金或银行存款，贷方科目为相对应的会计科目，汇总付款凭证的特征是：贷方科目为库存现金或银行存款，借方科目为相对应的会计科目；汇总转账凭证的特征是：为了便于互相合作，应按每个会计科目的贷方编制汇总转账凭证，一个会计科目一张。

汇总记账凭证不需要填制摘要，但是其附件应齐全、准确。

汇总记账凭证若填写错误，应重新填制；若已经登账，应按正确的更正方法更正。

2. 编制科目汇总表

(1)　编制科目汇总表的要求与方法。

①　科目汇总表必须具备以下内容：填制日期；会计科目；每一科目各自的借、贷方本期发生额；合计数；填制人员的签名或盖章。

②　科目汇总表可以根据实际情况定期(5 天、10 天、15 天或 1 个月)编制。

③　根据科目汇总表登记总账分类时，一般采用借、贷、余三栏式的格式。

(2)　编制科目汇总表应注意的问题。

①　编制科目汇总表应以审核无误的记账凭证为依据。

②　在科目汇总表中应注明每期汇总凭证的起止日期。

③　汇总完毕后，应检查所有会计科目的借方本期发生额与贷方本期发生额是否相等。若不相等，则说明汇总有误，须查明错误原因并更正后方可据此登账。

3. 账簿登记的规则与方法

(1)　账簿登记的要求。

①　会计人员在登账前要对记账凭证的内容进行审核。

②　登账时，账簿的日期、摘要、金额等有关资料要填写齐全，做到数字清楚、准确，

登记及时、完备。

③　登账要用专用记账笔书写，红笔只允许在特殊情况下使用。

④　书写的数字和文字上面要适当留些空白，以备改错，一般应占格距的1/2。

⑤　登账时，要按顺序进行，不得隔行、跳页。

⑥　期末结出余额后，应在"借或贷"栏内注明"借"或"贷"等字样，没有余额的账户注明"平"字。现金日记账、银行存款日记账应逐笔结出余额。

⑦　每一账页用完后，应结出本页合计数及余额，并注明"转次页"字样，在次页第一行"摘要"栏内注明"承上页"字样。

⑧　由于记账而发生的错误，要用正确的方法进行错账更正。

(2) 账簿登记的方法。

①　日记账：日记账一般采用借、贷、余三栏式订本账。日记账以审核无误的收款凭证、付款凭证为依据进行逐笔登记，每登记一笔都要结出余额，每日记账完毕，也应相应地结出当日余额。日记账一般分为现金日记账和银行存款日记账，由出纳每日登记。

②　明细账：明细账分为三栏式、数量金额式、多栏式、各种专用明细账等形式，其外形采用活页式或卡片式。

③　总账：总账一般采用借、贷、余三栏式订本账。其登记账簿依据取决于选用的会计核算组织形式，按每一会计科目分别登记。

④　总账、明细账、日记账的相关账户月末应核对，明细账期末余额之和应等于相应的总账账户期末余额。

(3) 账簿登记应注意的问题。

①　账簿的"时间"栏要依据记账凭证的填制日期登记，"金额"栏要依据凭证相应记账方向的金额栏的金额登记。

②　红笔应用于改错、冲账、结账等用途，不得使用铅笔、圆珠笔。

③　不得书写错字、别字和自造字；数字不得连笔书写。

④　要保持账面整洁、完整，以备长期查阅使用。

4. 错账更正

(1) 会计差错更正原则。

①　本期发现的与本期相关的会计差错，应调整本期相关项目。

②　本期发现的与前期相关的非重大会计差错，如影响损益，应直接计入本期净损益，其他相关项目也应作为本期数一并调整；如不影响损益，应调整本期相关项目。

③　本期发现的与前期相关的重大会计差错，如影响损益，应将其对损益的影响数调整当期的期初留存收益，会计报表其他相关项目的期初数也应一并调整；如不影响损益，应调整会计报表相关项目的期初数。

(2) 会计差错更正的方法。

更正错账的方法一般有三种，即划线更正法、红字更正法和补充登记法。

(3) 会计更正错账应注意的问题。

①　会计人员记账发生错误之后，不许任意涂改、挖、补、刮、擦及用修改液更正。若整页字迹模糊不清，可在会计主管人员批准之后重抄，但是原账页必须保留，不得销毁。

而记账中发生的错误，会计人员应根据具体原因，选用正确的技术方法更正错误。

②　采用划线更正法时，不得只更正局部错数，应将全部数字划掉，重新填写。

③　采用红字更正法时，不得以蓝字或黑字金额填制与原错误记账凭证记账方向相反的记账凭证去冲销错误记录或冲销原错误金额。

5. 操作流程

账簿登记与错账更正操作流程如图 1-1-4 所示。

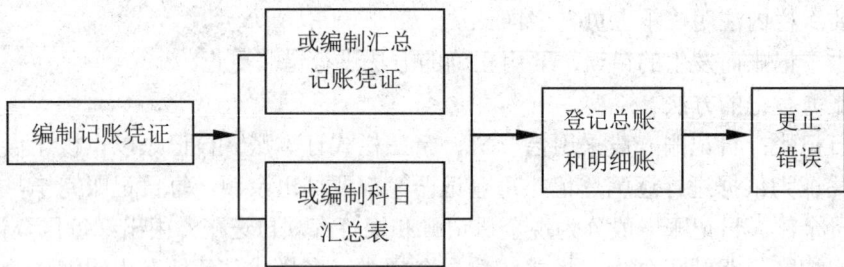

图 1-1-4　账簿登记与错账更正操作流程

(五)对账、结账与试算平衡

1. 对账的要求与方法

(1)　对账就是有关经济业务入账以后，进行账页记录的核对，主要包括：账证核对、账账核对和账实核对。

(2)　编制银行存款余额调节表的要求和方法。

①　首先检查有关银行存款的经济业务是否已全部入账。

②　与银行对账单核对找出未达账项。在寻找未达账项时应注意金额、结算凭证是否均相同。若金额相同而结算凭证不同，则应确定为两笔未达账项。

③　编制银行存款余额调节表。编制时应注意只就未达账项部分编制。

④　编制方法一般选用补充登记法，其调整后的金额为企业银行存款实际金额。

⑤　若发现调整后的银行存款余额双方不相等，则说明记账发生错误，须检查记账凭证记录是否有误。

2. 结账的要求与方法

(1)　结账的要求。

①　本期发生的经济业务须全部登记入账，经检查无错误及遗漏之后才能结账。

②　为了确保正确，本期的经济业务不能延至下期入账。

③　每月结账时，要在最后一笔经济业务记录下面通栏画单红线，结出本月发生额和余额，在"摘要"栏内注明"本月合计"字样，在本月合计下面通栏再画单红线。12 月末的"本年累计"就是全年累计发生额，全年累计发生额下面通栏画双红线，以区别各月累计数。

④　年度终了，凡是有余额的账户需要转入下年各账簿栏目内，在新账第一页第一行的"摘要"栏内注明"上年结转"字样。

(2) 结账的方法。

按结账期间不同，结账可分为月结、季结和年结。

3. 试算平衡的要求与方法

(1) 试算平衡应遵循的要求与方法。

① 首先将各账户的期初余额填入期初余额栏内，并检验各账户的借方余额是否等于各账户的贷方余额。

② 将账簿中各账户的本期发生额分别按借方本期发生额、贷方本期发生额填入本期发生额栏内，并检查本期发生额借方合计是否等于贷方合计。

③ 根据前两项结出本期期末余额，并将结果填入期末余额栏内，然后检查期末借方余额合计是否等于期末贷方余额合计。

④ 若其中有一项不等，则说明计算或记录有问题，须查明原因，及时调整。

(2) 试算平衡应注意的问题。

① 进行试算平衡前，应首先检查各总账记录是否正确。

② 若试算平衡表编制完毕后，试算结果不平衡，则说明有错误。复检的技术方法如图 1-1-5 所示。

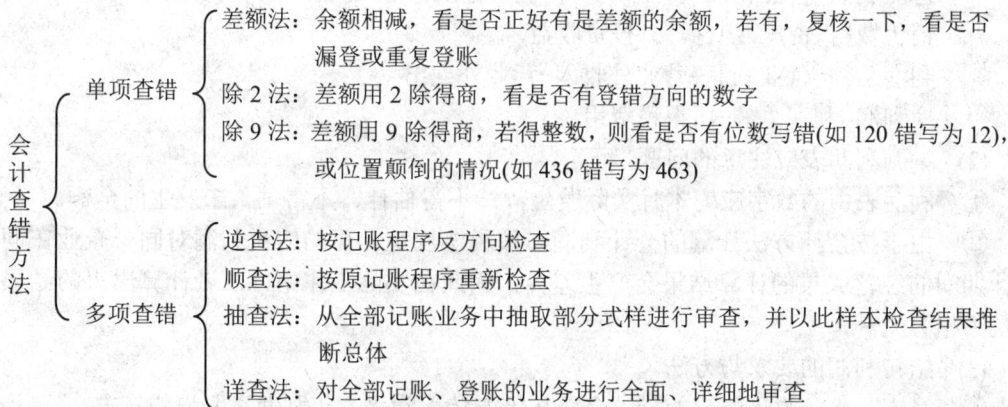

会计查错方法
- 单项查错
  - 差额法：余额相减，看是否正好有是差额的余额，若有，复核一下，看是否漏登或重复登账
  - 除 2 法：差额用 2 除得商，看是否有登错方向的数字
  - 除 9 法：差额用 9 除得商，若得整数，则看是否有位数写错(如 120 错写为 12)，或位置颠倒的情况(如 436 错写为 463)
- 多项查错
  - 逆查法：按记账程序反方向检查
  - 顺查法：按原记账程序重新检查
  - 抽查法：从全部记账业务中抽取部分式样进行审查，并以此样本检查结果推断总体
  - 详查法：对全部记账、登账的业务进行全面、详细地审查

图 1-1-5　复检的技术方法

4. 操作流程

试算平衡操作流程如图 1-1-6 所示。

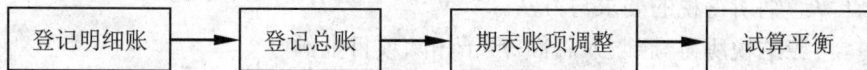

登记明细账 → 登记总账 → 期末账项调整 → 试算平衡

图 1-1-6　试算平衡操作流程

(六)会计报表编制

1. 资产负债表的编制

(1) “年初数”栏内的各项数字，根据上年末资产负债表“期末数”栏内所列数字

面向『十二五』高职高专项目导向式教改教材·财经系列

填列。

（2） "期末数"栏内的各项数字，根据期末资产类、负债类和所有者权益类等账户的期末余额填列。

填列方法可归纳为以下五种。

① 根据有关总账账户的期末余额合计填列，如"货币资金"项目。

② 根据总账有关明细账户的期末余额分析填列，如"应收账款"和"预收账款"项目、"应付账款"和"预付账款"项目等。

③ 根据总账科目和明细科目的余额分析计算填列，如"长期应收款"项目。

④ 根据总账账户余额减去其备抵项目后的净额填列，如"持有至到期投资"项目。

⑤ 根据总账账户的期末余额直接填列，如"短期借款""其他应付款"项目。

2. 利润表的编制

（1） 编制利润表的要求与方法。

① 利润表中"本年累计数"栏内填列自年初起至本月末止的各项目累计实际发生额。

② 利润表中"本月数"栏内填列本月实际发生数。

③ 表中，相关利润计算如下。

营业利润=营业收入-营业成本-营业税金及附加-管理费用-财务费用-

销售费用-资产减值损失+投资收益

利润总额=营业利润+营业外收入-营业外支出

净利润=利润总额-所得税费用

（2） 编制利润表应注意的问题。

① 利润表中的数字应为本月实际发生额，不得估计，不得填入未发生的金额。

② 由于按会计方法计算的会计利润与按税法规定计算的应税利润对同一企业在同一会计期间的经营成果的计算结果会产生差异，因此在实际工作中，二者计算出来的结果往往是不相等的。

（3） 结转利润的要求与方法。

① 月末，将各收入账户的贷方余额从借方转入到"本年利润"账户的贷方。

② 月末，将各费用账户的借方余额从贷方转入到"本年利润"账户的借方。

③ 年末，"本年利润"账户的贷方有余额，则转入"利润分配——未分配利润"账户的贷方；若为借方余额，则转入该明细账户的借方。

④ 年末，"利润分配"账户其他明细账户的余额也应转入"未分配利润"明细账户内。

（4） 计算缴纳所得税的要求与方法。

应纳税所得额=收入总额-准予扣除项目金额

应纳所得税额=应纳税所得额×适用税率

或：　　　应纳所得税额=(利润总额±纳税调整项目金额)×适用税率

3. 操作流程

编制会计报表操作流程如图 1-1-7 所示。

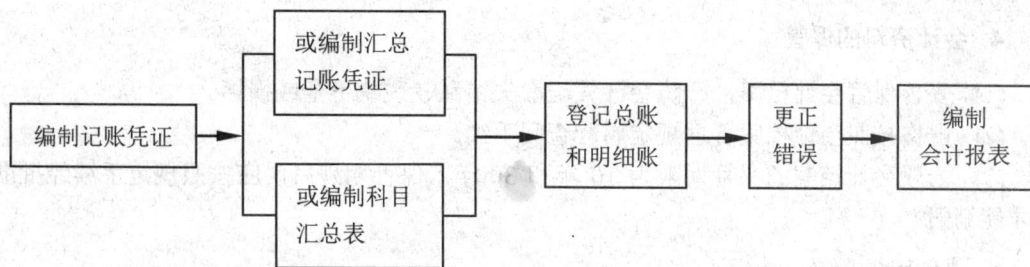

图 1-1-7 编制会计报表操作流程

(七)会计凭证装订与会计资料保管

1. 会计凭证的装订要求

(1) 装订前要检查每张记账凭证所附原始凭证的张数是否齐全,并且要对附件进行必要的外形加工。

(2) 装订前要检查记账凭证是否分月按自然数顺序连续编号,是否有跳号或重号现象。

(3) 装订前须事先预估,确定会计凭证装订的册数。

(4) 每册会计凭证都要用较结实的牛皮纸加具封面,并在封面上注明会计单位名称、会计凭证名称。此外,封面上还要填写凭证所反映的经济业务发生的年份、月份,凭证的起止号码,本月几册,本册是第几册。

2. 会计凭证的装订方法

(1) 加具封面。将科目汇总表附在会计凭证封面之下、会计凭证之前,叠整齐,用铁夹夹紧。

(2) 会计凭证具体的装订方法如图 1-1-8 所示。

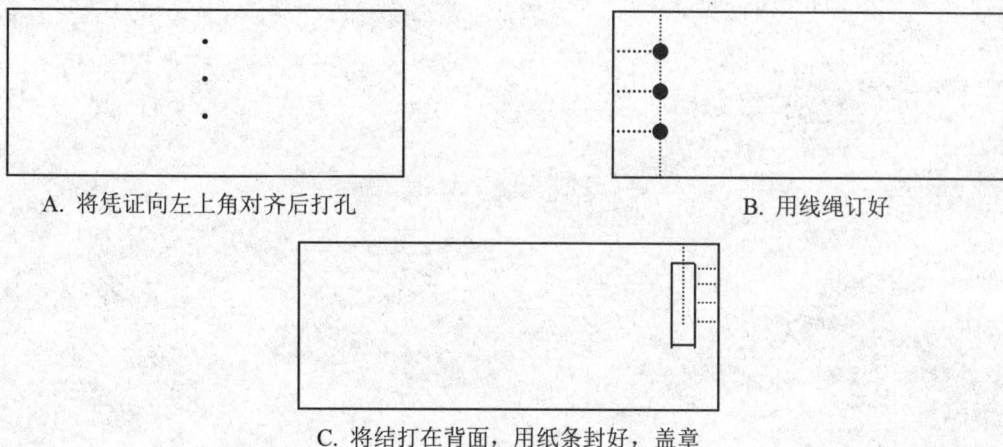

A. 将凭证向左上角对齐后打孔　　　　　　　　B. 用线绳订好

C. 将结打在背面,用纸条封好,盖章

图 1-1-8 会计凭证的装订方法操作流程

3. 装订会计凭证应注意的问题

在装订会计凭证时,要特别注意装订线眼处的折叠方法,防止出现装订以后不能翻开的情况。

4. 会计资料的保管

(1) 妥善保管会计档案，严防会计凭证散失错乱、残缺不全或损坏。

(2) 严格按照会计档案管理规定履行查阅手续。

(3) 一般会计档案的保管期限为 10 年和 30 年。保管期满后，应按照规定手续经批准后才能销毁。

5. 操作流程

装订会计凭证与保管会计资料操作流程如图 1-1-9 所示。

| 检查会计凭证是否齐全、完整 | → | 装订成册，加具封面 | → | 入库封存 | → | 移交档案室 |

图 1-1-9　装订会计凭证与保管会计资料操作流程

项目二

基础会计单项实训

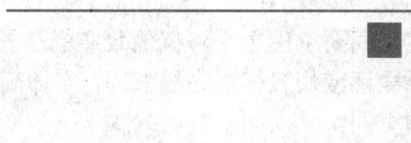

实训一　会计基础书写训练

训练一　阿拉伯数字的书写

一、训练目的

通过训练，使学生掌握阿拉伯数字的标准写法，做到书写规范、清晰、流畅。

二、训练资料

(1) 数字应当一个一个地写，不得连笔写。

(2) 字体要各自成形，大小均衡，排列整齐，字迹要工整、清晰。

(3) 有圆的数字，如6、8、9、0等，圆圈必须封口。

(4) 同行的相邻数字之间要空出半个阿拉伯数字的位置。

(5) 每个数字要紧靠凭证或账表行格底线书写，字体高度占行格高度的1/2以下，不得写满格，以便留有改错的空间。

(6) "6"字要比一般数字向右上方长出 1/4，"7"和"9"字要向左下方(过底线)长出1/4。

(7) 字体要自右上方向左下方倾斜地写，倾斜度约60°。

阿拉伯数字参考字体如下。

1　2　3　4　5　6　7　8　9　0

三、训练要求

按照标准写法进行书写练习，直至书写规范、流畅，得到指导教师认可。

练习时可用会计数字练习用纸，其格式如表2-1-1所示，也可用账页进行书写。

表2-1-1

会计数字练习用纸

姓名：＿＿＿＿＿　　　班级：＿＿＿＿＿　　　年　月　日

训练二 汉字大写数字的书写

一、训练目的

通过训练，使学生掌握汉字大写数字的标准写法，做到书写规范、流畅。

二、训练资料

(1) 汉字大写数字要以正楷或行书字体书写，不得连笔写。

(2) 不允许使用未经国务院公布的简化字或谐音字。大写数字一律用"壹""贰""叁""肆""伍""陆""柒""捌""玖""拾""佰""仟""万""亿""元""角""分""零""整(正)"等。不能用"毛"代替"角"，"另"代替"零"。

(3) 字体要各自成形，大小匀称，排列整齐，字迹要工整、清晰。

(4) 大写数字参考字体如下。

壹	贰	叁	肆	伍	陆	柒	捌	玖	拾	佰	仟	亿	万	元	角	分	零	整(正)

三、训练要求

按照标准写法进行书写练习，直至书写规范、流畅，得到指导教师认可。

练习可用会计数字练习用纸，其格式如表 2-1-2 所示，也可用账页进行书写。

表 2-1-2

会计数字练习用纸

姓名：＿＿＿＿＿＿＿ 班级：＿＿＿＿＿＿＿ 年 月 日

训练三　大小写金额的书写

一、训练目的

通过训练，使学生掌握大小写金额的标准写法，做到书写规范、清晰、流畅。

二、训练资料

2015 年 1 月，某公司的现金和银行存款收付业务的发生额如下。

(1) ¥0.50 　　　　(2) ¥0.80 　　　　(3) ¥13.09

(4) ¥92.00 　　　　(5) ¥120.76 　　　　(6) ¥8 320.06

(7) ¥20 001.58 　　(8) ¥161 000.80 　　(9) ¥107 203.60

三、训练要求

根据上述资料书写大小写金额，如表 2-1-3 所示。

表 2-1-3

大小写金额书写训练用纸

会计凭证、账表上的小写金额								原始凭证上的大写金额栏
没有数位分割线	有数位分割线							
	十	万	千	百	十	元	角	分	
								人民币：　拾　万　仟　佰　拾　元　角　分
								人民币：
								人民币：
								人民币：
								人民币：
								人民币：
								人民币：
								人民币：
								人民币：　拾　万　仟　佰　拾　元　角　分

实训二　会计凭证的填制与审核

训练一　原始凭证的填制

一、训练目的

通过训练，使学生掌握原始凭证的基本内容、填制方法及填制要求。

◉ **知识链接**

1. 现金支票的填制及使用

(1) 单位应在开户银行的账户或核准经费户的余额内签发支票，每张支票金额不能低于规定的起点。

(2) 每个账户使用的支票，不得移用于其他账户；预算单位签发的支票，不能跨年使用。

(3) 现金支票一律为记名式，用于提取现金，但不得流通转让。

(4) 单位签发支票时，必须使用碳素墨水或墨汁，按支票簿排定的页数顺序填写，字体不要潦草也不要使用红色或易褪色的墨水。除"开户银行名称""签发单位账号""总字第×号"及"银行会计分录"四栏系由银行使用不必填写外，其他各栏必须填写清楚，并应注意以下列两点。

① "签发日期"栏应填写实际出票日期，不得补填或预填日期，填写日期必须使用汉字大写，并且在填写月、日时，若月为壹、贰或壹拾的，日为壹至玖和壹拾、贰拾和叁拾的，应在其前面加"零"，以防涂改。例如，1月18日应写为"零壹月壹拾捌日"，1月20日应写为"零壹月零贰拾日"。"收款单位(或收款人)名称"栏必须填写清楚，如系本单位自行提取现金可填写"本单位"。

② 大小写金额必须填写齐全且数字相符，如有错误不得更改，应另行签发，其他各栏填错，可在改正处加盖预留印鉴之一，予以证明。另外，在小写金额前应加填货币符号，如人民币用"¥"，美元用"＄"等。

(5) "签发单位名称"栏应填写清楚；签发单位签章处应按预留印鉴分别签章，即企业财务专用章和法人代表章或企业财务主管人章，缺漏签章或签章不符时银行不予受理。

(6) 作废的支票不得扯去，应由签发单位自行注销，与存根折在一起注意保管，在结清销户时，连同未用空白支票一并交还银行。

(7) 支票背面"收款人签收年、月、日"栏，由收到支票的人员填写或签章。

(8) 在实务工作中，现金支票为一联，将无误的支票按虚线撕开后持正本从银行提取现金，存根作为企业记账的依据。

(9) 收款人凭现金支票正本支取现金，须在支票背面背书(盖收款人的公章或收款人人名章、填写本人身份证号码等)，持票到签发人的开户银行支取现金，并按照银行的需要交验证件。背书也可按如下样式进行。

单　　位	
姓　　名	
工作证号码： 身份证号码：	

已签发的现金支票如果遗失，可以向银行申请挂失。但挂失前已经支付的，银行不予受理。

2. 转账支票的填制及使用

转账支票是付款人签发，委托银行将款项(非现金)支付给收款人或持票人的一种票据。

(1) 单位应在开户银行的账户余额内签发支票，每张支票金额不能低于规定的起点，不能签发空头支票、空白支票和远期支票。

(2) 每个账户使用的支票，不得移用于其他账户；预算单位签发的支票，不能跨年使用。

(3) 转账支票一律为记账式，只能转账，不能提取现金，也不得流通转让。

(4) 单位签发支票时，必须使用蓝黑或碳素墨水，按支票簿排定的页数顺序填写，字体不能潦草，也不能使用红色或易褪色的墨水。除"开户银行名称""签发单位账号""总字第×号字第×号"和"银行会计分录"四栏系由银行使用不必填写外，其他各栏必须填写清楚，并应注意以下两点。

① "签发日期"应填写实际出票日期，不得补填或预填日期，填写日期必须使用汉字大写；"收款单位名称"栏必须填写清楚；"用途或预算科目"栏，除预算单位应填写预算科目外，所有企业及其他非预算单位只填明用途即可。

② 大小写金额必须填写齐全且数字相符，如有错误不得更改，应另行签发；其他各栏填错，可在改正处加盖预留印签之一，予以证明。另外，在小写金额前应加填货币符号"￥"。

(5) "签发单位名称"栏应填写清楚；"签发单位签章"处应按预留印签分别签章。缺漏签章或签章不符时，银行不予受理。

(6) 作废的支票不得扯去，应由签发单位自行注销，与存根折在一起注意保管，在结清销户时，连同未用空白支票一并交还银行。

(7) 支票一律记名。中国人民银行总行批准的地区转账支票可以背书转让。

(8) 支票付款期为10天(背书转让地区的转账支票付款期为10天。从签发的次日算起，到期日遇节假日顺延)。

(9) 签发人必须在银行账户余额内按照规定向收款人签发支票。对签发空头支票或印章与预留印鉴不符的支票，银行除退票外并按票面金额处以5%但不低于1 000元的罚款。对屡次签发的，银行可根据情节给予警告、通报批评，直至停止其向收款人签发支票。

(10) 票据丧失，失票人可以及时通知票据的付款人挂失止付，但是，未记载付款人或无法确定付款人及其代理付款人的票据除外。

已签发的转账支票遗失，若尚未兑付，可向银行申请挂失，同时可请求收款人协助防范。

(11) 在实务工作中，转账支票为一联，将填制无误的支票按虚线撕开，正本交给采购员在本市区使用(交给收款人)，支票存根连同供应单位开出的发票联作为记账的依据。

票据丧失，失票人可以及时通知票据的付款人挂失止付，但是，未记载付款人或无法确定付款人及其代理付款人的票据除外。收到挂失止付通知的付款人，应当暂停支付。

二、训练资料

(一)单位基本情况介绍

企业名称：福州双吉服装公司(增值税一般纳税人)

开户行：中国工商银行解放路支行　账号：528128061

纳税人登记号：5213721576082

地址：福州市盐务街 35 号-1 号

电话：0591-8128061

经理：胡明

财务科长：陈建

会计：杨婷

出纳：王丽

(二)2015 年 5 月发生的有关交易或事项

(1)　1 日，业务经理许林参加广州交易会，经批准从财务科借差旅费 6 000 元，财务人员审核无误后支付现金。请填制借款单如表 2-2-1 所示。

表 2-2-1

借 款 单
年　月　日

部　门		借款事由	
借款金额	金额(大写)		￥_____
批准金额	金额(大写)		￥_____
领导		财务主管	借款人

(2)　1 日，开出现金支票，从银行提取 1 000 元现金备用。请填写现金支票，如表 2-2-2所示。

表 2-2-2

中国工商银行 现金支票存根 No.06943955	付款期限自出票之日起十天	中国工商银行　现金支票(闽)　No.06943955
附加信息		出票日期(大写)　　年　月　日　付款行名称： 收款人：　　出票人账号：
		人民币(大写) ｜ 亿 千 百 十 万 千 百 十 元 角 分
出票日期　　年　月　日		用途＿＿＿＿　密码＿＿＿＿
收款人：		上列款项请从　　行号＿＿＿＿ 我账户内支付
金　额：		出票人签章　　复核　　记账
用　途：		
单位主管　　会计		

(3) 4 日，出纳员将当天的销售款 96 542 元现金存入银行(其中，面额 100 元的 850 张，面额 50 元的 223 张，面额 20 元的 17 张，面额 10 元的 5 张，面额 1 元的 2 张)。请填制银行现金交款单，如表 2-2-3 所示。

表 2-2-3

中国工商银行现金交款单

账别：　　　　　　　　　　年　月　日

交款单位		收款单位			
款项来源		账　号		开户银行	
大写金额				亿 千 百 十 万 千 百 十 元 角 分	

面值	100 元	50 元	20 元	10 元	5 元	2 元	1 元	5 角	1 角	5 分	2 分	1 分	合计金额	科目(贷) 对方科目(借)现金
张数														

(4) 4 日，开出转账支票 68 000 元，向福州棉纺厂预付布料款。请填制转账支票，如表 2-2-4 所示。

面向『十二五』高职高专项目导向式教改教材·财经系列

表 2-2-4

中国工商银行
转账支票存根
No.06943955
附加信息

出票日期　　年　月　日

收款人：
金　额：
用　途：

单位主管　　会计

付款期限自出票之日起十天

中国工商银行 转账支票(闽)　　No.06943955

出票日期(大写)　　年　月　日　付款行名称：
收款人：　　出票人账号：

人民币(大写)	亿	千	百	十	万	千	百	十	元	角	分

用途________　　密码________
上列款项请从　　行号________
我账户内支付
出票人签章　　复核　　记账

(5) 6 日，从福州棉纺厂购进棉布 90 匹，单价 3 800 元，增值税税额 58 140 元，开出转账支票补付余款，材料验收入库。请填制材料入库单和转账支票，如表 2-2-5 和表 2-2-6 所示。

表 2-2-5

材 料 入 库 单

供应单位：　　年　月　日
发 票 号：340612　　字第　　号

材料名称	规格材质	计量单位	应收数量	实收数量	单价	金额									
						千	百	十	万	千	百	十	元	角	分
		运杂费													
		合　计													
备注															

第二联　记账联

仓库：　　会计：　　收料员：　　制单：

面向『十二五』高职高专项目导向式教改教材·财经系列

表 2-2-6

中国工商银行 转账支票存根 No.07943956	中国工商银行 转账支票 (闽)　No.07943956
附加信息	出票日期(大写)　　年　月　日　付款行名称： 收款人：　　出票人账号：
出票日期　年　月　日	付款期限自出票之日起十天
收款人：	人民币(大写)　亿 千 百 十 万 千 百 十 元 角 分
金　额：	用途＿＿＿＿　密码＿＿＿＿ 上列款项请从　行号＿＿＿＿ 我账户内支付
用　途：	出票人签章　　复核　　记账
单位主管　会计	

(6) 8日，向个人伍一销售男套装 3 套，每套 650 元(含增值税)，销售女式衬衣 10 件，每件 150 元(含增值税)，收到现金并开出零售发票。请填制销售发票，如表 2-2-7 所示。

表 2-2-7

福建增值税普通发票

全国统一发票监制章
福建
发票联
国家税务总局监制

开票日期:

购买方	名　称: 纳税人识别号: 地 址、电 话: 开户行及账号:				密码区	(略)		
货物或应税劳务、服务名称		规格型号	单位	数量	单价	金额	税率	税额
合　计								
价税合计(大写)					(小写)			
销售方	名　称: 福州双吉服装公司 纳税人识别号: 5213721576082 地 址、电 话: 福州市盐务街 35 号-1　0591-8128061 开户行及账号: 中国工商银行解放路支行　528128061				备注	福州双吉服装公司 5213721576082 发票专用章		

第二联　发票联　购买方记账凭证

收款人:　　复核:　　开票人:　　销售方: (章)

面向『十二五』高职高专项目导向式教改教材·财经系列

(7) 10 日，向北京华联商场销售成衣，其中，男西装 150 套，每套 600 元，套裙 200 套，每套 800 元(不含增值税)，开出增值税专用发票。收到对方的转账支票，当日填写银行进账单送存银行。请填制增值税专用发票及银行进账单，如表 2-2-8 和表 2-2-9 所示。

表 2-2-8

福建增值税专用发票

全国统一发票监制章
福建
抵扣联
国家税务总局监制

开票日期：

购买方	名　　称：北京华联商场福州分公司 纳税人识别号：006305278128 地 址、电 话：福州市广达路 66 号 5811051 开户行及账号：农业银行福州台江支行 223343268			密码区	(略)		
货物或应税劳务、服务名称	规格型号	单位	数量	单价	金额	税率	税额
合　计							
价税合计(大写)				(小写)　¥			
销售方	名　　称： 纳税人识别号： 地 址、电 话： 开户行及账号：			备注			

第二联　抵扣联　购买方扣税凭证

收款人：　　　　复核：　　　　开票人：　　　　销售方：(章)

表 2-2-9

中国工商银行　进账单(收账通知)

年　月　日

出票人	全　称		收款人	全　称	
	账　号			账　号	
	开户银行			开户银行	
金额	人民币(大写)			亿 千 百 十 万 千 百 十 元 角 分	
票据种类		票据张数			
票据号码					
备注：					
复核　　记账				开户行签章	

此联是收款人开户行交给收款人的收账通知

(8) 12 日，业务经理许林报销差旅费 5 560 元，退回现金 440 元，由出纳开出收据一张。请填制统一收款收据和差旅费报销单，如表 2-2-10 和表 2-2-11 所示。(注：飞机票单程 580 元；住宿 11 天，每日住宿费 350 元；每日补贴 50 元。)

表 2-2-10

统 一 收 款 收 据

年　月　日

交款单位或交款人		收款方式	
事由_____			备注：
金额(人民币大写)：_____		¥_____	

收款人：　　　　　　　收款单位(盖章)

- ✂

表 2-2-11

差 旅 费 报 销 单

部门：销售科　　　　　　　　年　月　日

姓名		出差事由	部门开会	出差自　年　月　日			共　　天		
				至　　　年　月　日					

起讫时间及地点						车船票		夜间乘车补助费			出差补贴			住宿费	其他		附单据共张
月	日	起	月	日	讫	类别	金额	时间	标准	金额	日数	标准	金额	金额	摘要	金额	
小计																	
合计金额(大写)：																	
备注：预借　　　核销　　　退补																	

单位领导：　　　　财务主管：　　　　审核：　　　　填报人：

(9) 12 日，生产车间从原材料仓库领用 A 材料 10 500 千克，单价 40 元，用于生产甲产品。请填制领料单，如表 2-2-12 所示。

表 2-2-12

领 料 单

领料车间(部门)： 　　　　　　　　　　　仓库：

用　　途：　　　　　　　年 月 日　　　　编号：

材料类别	材料名称及规格	计量单位	数量		单价	金额
			请领	实发		
合　　计						
备注：						

部门负责人：　　　　发料人：　　　　领料人：　　　　制表人：

- ✂

(10) 30 日，材料核算员根据本月领料凭证编制本月发料凭证汇总表，相关表格如表 2-2-13 至表 2-2-17 所示。

表 2-2-13

领 料 单

领料单位：**生产车间**

用　　途：**A产品**　　　　　*2015年 5 月 5 日*　　　　No. 23689

材料类别	材料名称及规格	计量单位	数量		单价	金额
			请领	实领		
原料	圆钢 10 mm	吨	2	2	1 300	2 600

记账：张明　　　　发料：陈洋　　　　领料：刘东

- ✂

表 2-2-14

领 料 单

领料单位：**生产车间**

用　　途：**B产品**　　　　　*2015年 5 月 8 日*　　　　No. 23690

材料类别	材料名称及规格	计量单位	数量		单价	金额
			请领	实领		
原料	线材 8 mm	吨	2	2	4 800	9 600

记账：张明　　　　发料：陈洋　　　　领料：刘东

表 2-2-15

领 料 单

领料单位：生产车间

用　途：机床维修　　　　　　　2015年 5月 10日　　　　　　　No. 23691

材料类别	材料名称及规格	计量单位	数　量		单　价	金　额
			请领	实领		
辅助材料	铁皮	平方米	5	5	100	500

记账：张明　　　　　　　　发料：陈洋　　　　　　　　领料：刘东

表 2-2-16

领 料 单

领料单位：生产车间

用　途：B产品　　　　　　　　2015年 5月 11日　　　　　　　No. 23692

材料类别	材料名称及规格	计量单位	数　量		单　价	金　额
			请领	实领		
原料	8 mm	吨	4	3	4 800	14 400

记账：张明　　　　　　　　发料：陈洋　　　　　　　　领料：刘东

表 2-2-17

发料凭证汇总表

年　　月

	生产车间		车间一般耗用	管理费用	合　计
	A产品	B产品			
原料及主要材料					
辅助材料					
修理用备件					
燃　料					
合　计					

部门负责人：　　　　　　　　复核人：　　　　　　　　制表人：

面向"十二五"高职高专项目导向式教改教材·财经系列

(11) 30 日，按产品生产工时比例分配制造费用，编制制造费用分配表，如表 2-2-18 所示。本月“制造费用”账户借方发生额为 20 000 元，甲产品的生产工时为 1 200 小时，乙产品的生产工时为 800 小时。

表 2-2-18

制造费用分配表

年　月　日

分配对象	分配标准(　　)	分配率	分配金额

部门负责人：　　　　　复核人：　　　　　制表人：

(12) 30 日，计提固定资产折旧，生产车间固定资产折旧额为 8 000 元，行政部门固定资产折旧额为 3 000 元。请填制固定资产折旧计算分配表，如表 2-2-19 所示。

表 2-2-19

固定资产折旧计算分配表

年　月　日

部　门	会计科目	固定资产原始价值	月折旧率	本月折旧额
合　计				

部门负责人：　　　　　复核人：　　　　　制表人：

三、训练要求

根据资料，按照原始凭证的填制要求填写各种原始凭证。

训练二　原始凭证的审核

一、训练目的

通过训练，使学生在正确填写原始凭证的基础上，掌握原始凭证的审核。

二、训练资料

(1) 2015 年 6 月 2 日，采购员邓宁赴成都采购材料，填写一份借款单并经主管领导批准，如表 2-2-20 所示。

表 2-2-20

借 款 单

2015 年 6 月 2 日

部　门	供应科	借款事由	采购
借款金额(人民币大写)贰仟元整		¥：2000.00	
批准金额(人民币大写)贰仟元整		¥：2000.00	
领　导	胡明	财务主管	陈建	借款人	邓宁

(2) 2015 年 6 月 4 日，办公室职员吴敏拿来发票一张，报销购买办公用品费用，如表 2-2-21 所示。

表 2-2-21

福建增值税专用发票

福建
发 票 联
国家税务总局监制

开票日期：2015 年 6 月 4 日

购买方	名　称：福州双吉服装公司 纳税人识别号：5213721576082 地址、电话：福州市盐务街 35 号-1　0591-8128061 开户行及账号：中国工商银行解放路支行　528128061				密码区	(略)		
货物或应税劳务、服务名称	规格型号	单位	数量	单价	金额	税率	税额
笔记本		本	10	5.00	50.00	17%	8.50
水　笔		支	30	1.00	30.00	17%	5.10
信　笺		本	55	3.50	192.50	17%	32.73
合　计					¥272.50		¥46.63
价税合计(大写)	⊗叁佰壹拾玖元壹角叁分				(小写)¥319.13		
销售方	名　称：东百元洪购物广场有限公司 纳税人识别号：9135010066037853 地址、电话：福州台江区台江路 95 号　0591-3262622 开户行及账号：交通银行福州杨桥支行　35100821001801003493				备注	东百元洪购物广场有限公司 9135010066037853 发票专用章		

收款人：　　　　　复核：　　　　　开票人：范妹妹　　　　销售方：(章)

第三联　发票联　购买方记账凭证

(3) 2015 年 6 月 6 日，生产车间王冠领用米兰黄纯棉布 40 匹，计划单价 3 500 元，领用白棉布 30 匹，计划单价 3 200 元(工作单号：1212，工作项目：女装)，用于生产 332#女裙。领料单如表 2-2-22 所示。

表 2-2-22

双吉服装公司领料单

领料部门：生产车间　　2015年 6月 6日

材料规格及名称	单位	数量 请领	数量 实发	计划单价	金额	过账
米兰黄纯棉布	匹	40	40	3500.00	140000.00	
白棉布	匹	30	30	3200.00	96000.00	
工作单号	1220	用途	生产 332#女裙			
工作项目	女装					

仓库负责人：　　记账：　　发料：张三　　领料：

(4) 2015 年 6 月 7 日，销售 332#女裙 200 件，单价 180 元，135#男夹克 300 件，单价 240 元，开出增值税专用发票一张(见表 2-2-23)，并将有关联交予东方明珠百货商场，同时收到东方明珠百货商场签发的转账支票一张(见表 2-2-24)，尚未送存银行。

表 2-2-23

福建增值税专用发票

福建　记账联　国家税务总局监制

开票日期：2015 年 6 月 7 日

购买方	名称：东方明珠百货商场 纳税人识别号：3708662346633898 地址、电话：福州市盐务街 35 号 6823799 开户行及账号：工商银行福州广达支行 0-129	密码区	(略)				
货物或应税劳务、服务名称	规格型号	单位	数量	单价	金额	税率	税额
女裙	332#	件	200	180.00	36000.00	17%	6120.00
男夹克	135#	件	300	240.00	72000.00	17%	12240.10
合计					¥108000.00		¥18360.00
价税合计(大写)	⊗壹拾贰万陆仟叁佰陆拾元整				(小写)¥126360.00		
销售方	名称：福州双吉服装公司 纳税人识别号：5213721576082 地址、电话：福州市盐务街 35 号-1 0591-8128061 开户行及账号：中国工商银行解放路支行 528128061	备注	福州双吉服装公司 5213721576082 发票专用章				

第一联 记账联 销售方记账凭证

收款人：　　复核：　　开票人：张强　　销售方：(章)

表 2-2-24

中国工商银行　转账支票(闽)

出票日期(大写) 贰零壹伍年零陆月零柒日　　付款行名称：工商银行福州广达支行

收款人：福州双吉服装公司　　出票人账号：0–129

付款期限自出票之日起十天

人民币(大写)	亿	千	百	十	万	千	百	十	元	角	分
壹拾贰万陆仟叁佰陆拾元整			¥	1	2	6	3	6	0	0	0

用途 购货款　　密码

上列款项请从　　行号

我账户内支付

出票人签章　　东方明珠百货商场 财务专用章　　复核　　记账

(5) 2015 年 6 月 10 日，签发现金支票一张(见表 2-2-25)，金额 68 325.80 元，从银行提取现金以备发工资。

表 2-2-25

中国工商银行
转账支票存根
No.07943956

附加信息

出票日期 2015年 6月 10日

收款人：

金　额：¥68325.80

用　途：发工资

单位主管　　会计

中国工商银行　转账支票(闽)　　No.07943956

出票日期(大写) 贰零壹伍年陆月零壹拾日　付款行名称：工商银行解放路支行

收款人：福州双吉服装公司　　出票人账号：528128061

付款期限自出票之日起十天

人民币(大写)	亿	千	百	十	万	千	百	十	元	角	分
陆万捌仟叁佰贰拾伍元捌角整				¥	6	8	3	2	5	8	0

用途 发工资　　密码

上列款项请从　　行号

我账户内支付

出票人签章　　复核　　记账

(6) 2015 年 6 月 16 日，办公室职员吴敏拿来发票一张(见表 2-2-26)，报销购买办公用品的费用。

表 2-2-26

福建增值税专用发票

福建
发 票 联
国家税务总局监制

开票日期：2015 年 6 月 16 日

购买方	名　　称：福州双吉服装公司 纳税人识别号：5213721576082 地 址、电 话：福州市盐务街 35 号-1　0591-8128061 开户行及账号：中国工商银行解放路支行　528128061				密码区	(略)		
货物或应税劳务、服务名称	规格型号	单位	数量	单价	金额	税率	税额	
笔记本		本	10	5.00	50.00	17%	8.50	
水　笔		支	30	1.00	30.00	17%	5.10	
信　笺		本	55	3.50	192.50	17%	32.73	
合　　计					¥272.50		¥46.63	
价税合计(大写)	⊗叁佰壹拾玖元壹角叁分				(小写)　¥319.13			
销售方	名　　称： 纳税人识别号： 地 址、电 话： 开户行及账号：				备注			

第三联 发票联 购买方记账凭证

收款人：　　　复核：　　　开票人：范妹妹　　　销售方：(章)

三、训练要求

(1) 审核原始凭证。以有关的法令、制度及计划等为依据，对每一笔交易或事项所涉及的原始凭证进行审核，审查原始凭证所反映的交易或事项是否合理、合法，同时审查原始凭证的内容是否完整、各项目填列是否齐全、数字计算是否正确及大小写金额是否相符等。

(2) 指出存在的问题。每一笔交易或事项所取得或填写的原始凭证中，至少有一处或多处错误或不完整，认真审核后指出其中存在的问题并提出修改处理意见和方法。

训练三　记账凭证的填制与审核

一、训练目的

通过训练，使学生掌握记账凭证的基本内容和填制方法，并在此基础上掌握记账凭证审核的内容和基本方法。

二、训练资料

福州双吉服装公司 2015 年 12 月份发生下列交易或事项。

(1) 1 日，出纳员填写现金支票一张，从银行提取现金 3 000 元，支票存根如表 2-2-27 所示。

表 2-2-27

<table>
<tr><td colspan="2">中国工商银行(闽)</td></tr>
<tr><td colspan="2">现金支票存根</td></tr>
<tr><td colspan="2">NO. 01621921</td></tr>
<tr><td colspan="2">附加信息</td></tr>
<tr><td colspan="2"></td></tr>
<tr><td colspan="2">出票日期 2015 年 12 月 1 日</td></tr>
<tr><td colspan="2">收款人：福州双吉服装公司</td></tr>
<tr><td colspan="2">金 额：¥3000.00</td></tr>
<tr><td colspan="2">用 途：备用</td></tr>
<tr><td>单位主管</td><td>会计：杨婷</td></tr>
</table>

(2) 3 日，采购员高刚填写借款单，预借差旅费 3 600 元，经有关人员签字同意，以现金支付。借款单如表 2-2-28 所示。

表 2-2-28

借 款 单

2015 年 12 月 3 日

部 门	供应科		借款事由		采购材料	
借款金额	金额(人民币大写)叁仟陆佰元整				¥3600.00	
批准金额	金额(人民币大写)叁仟陆佰元整				¥3600.00	
领 导	胡明	财务主管	陈建	借款人	高刚	

(3) 7 日，从工商银行借入期限为 6 个月的借款 150 000 元，有关单据如表 2-2-29 所示。

表 2-2-29

中国工商银行　借款凭证(代回单)

2015 年 12 月 15 日

借款单位名称	福州双吉服装公司	放款账号: *7-12*	往来账号: *528128061*		第四联　交借款单位
借款金额	人民币(大写)壹拾伍万元整		¥150000.00		
种类 生产周转借款	单位提出期限	自 *2015 年 12 月 15 日*至 *2016 年 6 月 15 日*止		利率	
	银行核定期限	自 *2015 年 12 月 15 日*至 *2016 年 6 月 15 日*止		*8%*	
上列借款已收入你单位往来户内 单位(银行签章)		单位会计分类			

(4) 8 日，出纳员填制现金支票提取现金，准备发工资，支票存根如表 2-2-30 所示。

表 2-2-30

```
中国工商银行(闽)
现金支票存根
NO. 01621955
附加信息
_____
_____

出票日期 2015 年 12 月 8 日
  收款人: 华峰公司

  金　额: ¥140000.00
  用　途: 备发工资
单位主管　　会计: 杨婷
```

(5) 19 日，以现金 140 000 元发放本月职工工资，工资结算汇总表如表 2-2-31 所示。

表 2-2-31

工资结算汇总表

2015 年 12 月 9 日

部　门	计时工资	计件工资	工资性津贴	奖　金	应扣工资 事假	应扣工资 病假	应付工资
生产 A 产品		32 000	20 000	8 100	60	40	60 000.00
生产 B 产品		28 000	10 000	2 000			40 000.00
车间管理人员	23 500						23 500.00
行政管理人员	16 500						16 500.00
合　计	40 000	60 000	30 000	10 100	60	40	140 000.00

(6) 31 日，分配结转本月职工工资 140 000 元，其中，生产 A 产品工人工资 60 000 元，生产 B 产品工人工资 40 000 元，车间管理人员工资 23 500 元，行政管理部门 16 500 元，分配表如表 2-2-32 所示。

表 2-2-32

工资费用分配汇总表

2015 年 12 月 31 日

车间、部门		应分配金额
车间生产人员工资	生产 A 产品	60 000.00
	生产 B 产品	40 000.00
	生产人员工资小计	100 000.00
车间管理人员		23 500.00
厂部管理人员		16 500.00
合　计		140 000.00

(7) 31 日，计提本月固定资产折旧费。折旧费用分配表如表 2-2-33 所示。

表 2-2-33

折旧费用分配表

2015 年 12 月 31 日

车间或部门	折旧额
生产车间	3 500.00
厂　部	2 600.00
合　计	6 100.00

(8) 31 日，编制制造费用分配表，如表 2-2-34 所示。

表 2-2-34

制造费用分配表

2015 年 12 月 31 日

产品名称	实用工时	分配率	分配金额
A 产品	4 000		
B 产品	6 000		
合　计	10 000		

(9) 31 日，本月投产的 A 产品 500 件，B 产品 400 件，全部完工，结转其生产成本。有关单据如表 2-2-35 至表 2-2-37 所示。

面向『十二五』高职高专项目导向式教改教材·财经系列

表 2-2-35

产品成本计算单(A 产品)

A 产品　　　　　　　　　　　　2015 年 12 月 31 日　　　　　　　　　　完工：500 件

项　目	直接材料	直接人工	制造费用	合　计
本月发生生产成本				
转完工产品成本				
完工产品单位成本				

表 2-2-36

产品成本计算单(B 产品)

B 产品　　　　　　　　　　　　2015 年 12 月 31 日　　　　　　　　　　完工：400 件

项　目	直接材料	直接人工	制造费用	合　计
本月发生生产成本				
转完工产品成本				
完工产品单位成本				

表 2-2-37

产成品入库单

2015 年 12 月 31 日

产品名称	计量单位	数　量	单位成本	金　额
A 产品	件			
B 产品	件			
合　计				

(10) 1 日，从金祥公司购入甲材料 1 300 千克，开出转账支票付款，材料尚未运到。有关单据如表 2-2-38 和表 2-2-39 所示。

表 2-2-38

中国工商银行(闽)

转账支票存根

NO. 01833989

附加信息

出票日期 *2015* 年 *12* 月 *1* 日

收款人：金祥公司

金　额：¥304200.00

用　途：材料款

单位主管　　　会计：杨婷

表 2-2-39

福建增值税专用发票

福建
发票联
国家税务总局监制

开票日期：2015 年 12 月 1 日

购买方	名　　称：福州双吉服装公司 纳税人识别号：5213721576082 地 址、电 话：福州市盐务街 35 号-1　0591-8128061 开户行及账号：中国工商银行解放路支行 528128061				密码区	(略)		
货物或应税劳务、服务名称	规格型号	单位	数量	单价	金额	税率	税额	
甲材料		千克	1 300	200	260 000.00	17%	44 200.00	
合　计					¥260 000.00		¥44 200.00	
价税合计(大写)	⊗叁拾万肆仟贰佰元整				(小写)　¥ 304 200.00			
销售方	名　　称：金祥公司 纳税人识别号：370833586263889 地 址、电 话：辽阳市福州路 108 号 85660368 开户行及账号：中国农行福州路支行 560180012364				备注	金祥公司 370833586263889 发票专用章		

第三联　发票联　购买方记账凭证

收款人：　　　　复核：　　　　开票人：张文强　　　　销售方：(章)

(11) 1 日，仓库发出材料供有关部门使用。领料单如表 2-2-40 至表 2-2-43 所示。

表 2-2-40

福州双吉服装公司领料单(1)

领料部门：生产车间　　　　2015 年 12 月 1 日

材料		单位	数量		单位成本	金额	过账
名称	规格		请领	实发			
乙材料		千克	120	120	50	6000.00	
工作单号		用途	车间一般耗用				
工作项目							

会计：　　　　记账：　　　　发料：王彬　　　　领料：肖华

表 2-2-41

福州双吉服装公司领料单(2)

领料部门：生产车间　　2015年12月1日

材料		单位	数量		单位成本	金额	过账
名称	规格		请领	实发			
甲材料		千克	500	500	200	100000.00	
乙材料		千克	1000	1000	50	50000.00	
工作单号		用途	生产A产品				
工作项目							

会计：　　记账：　　发料：王彬　　领料：肖华

表 2-2-42

福州双吉服装公司领料单(3)

领料部门：生产车间　　2015年12月1日

材料		单位	数量		单位成本	金额	过账
名称	规格		请领	实发			
甲材料		千克	750	750	200	150000.00	
乙材料		千克	800	800	50	40000.00	
工作单号		用途	生产B产品				
工作项目							

会计：　　记账：　　发料：王彬　　领料：肖华

表 2-2-43

福州双吉服装公司领料单(4)

领料部门：生产车间　　2015年12月1日

材料		单位	数量		单位成本	金额	过账
名称	规格		请领	实发			
甲材料		千克	40	40	200	8000.00	
工作单号		用途	管理部门一般耗用				
工作项目							

会计：　　记账：　　发料：王彬　　领料：周红

(12) 3 日，从金祥公司购入的甲材料运到企业并验收入库。材料入库单如表 2-2-44 所示。

表 2-2-44

材 料 入 库 单

供应单位：金祥公司　　　　2015年 12月 3日　　　　发票号：

材料类别	材料名称	规格材质	计量单位	数量	实收数量	单位成本	金额								
							百	十	万	千	百	十	元	角	分
	甲材料		千克	1300	1300	200		2	6	0	0	0	0	0	0
检验结果　　检验员签章：				运杂费											
				合　计			¥	2	6	0	0	0	0	0	0
备注															

第三联　交会计

仓库：　　　　材料会计：　　　　收料员：周杰

(13) 3 日，出纳员填写现金支票一张，从银行提取现金 2 000 元，支票存根如表 2-2-45 所示。

表 2-2-45

中国工商银行(闽)

现金支票存根

NO. 01836891

附加信息

出票日期 2015年 12月 3日

收款人：	福州双吉服装公司
金　额：	¥2000.00
用　途：	备用

单位主管　　　　会计：杨婷

(14) 3 日，销售 A 产品 400 件，单价 2 000 元，全部款项已送存银行。有关单据如表 2-2-46 和表 2-2-47 所示。

表 2-2-46

福建增值税专用发票

福建
记 账 联
国家税务总局监制

开票日期: 2015 年 12 月 3 日

购买方	名　　称: 金诚公司 纳税人识别号: 370670524383698 地址、电话: 辽阳市华侨路 28 号 6225006 开户行及账号: 工商银行北大街支行 56019653				密码区	(略)		
货物或应税劳务、服务名称	规格型号	单位	数量	单价	金额	税率	税额
A 产品		件	400	2 000	800 000.00	17%	136 000.00
合　　计					¥800 000.00		¥136 000.00
价税合计(大写)	⊗玖拾叁万陆仟元整				(小写) ¥936 000.00		
销售方	名　　称: 福州双吉服装公司 纳税人识别号: 5213721576082 地址、电话: 福州市盐务街 35 号-1 0591-8128061 开户行及账号: 中国工商银行解放路支行 528128061				备注	福州双吉服装公司 5213721576082 发票专用章		

收款人:　　　　复核:　　　　开票人: 林营　　　　销售方: (章)

表 2-2-47

中国工商银行　进账单(收账通知)

2015 年 12 月 3 日

出票人	全　称	金诚公司		收款人	全　称	福州双吉服装公司									
	账　号	56019653			账　号	528128061									
	开户银行	工商银行北大街支行			开户银行	工商银行解放路支行									
金额	人民币 (大写)	玖拾叁万陆仟元整				亿	千	百	十	万	千	百	十	元	角	分
							¥	9	3	6	0	0	0	0	0
票据种类	转账支票	票据张数	1			工商银行 解放路支行 2015.12.3 转讫									
票据号码															
备注:															
	复核　　　　记账					开户行签章									

三、训练要求

根据训练资料(1)~(9)题的原始凭证填制收款凭证、付款凭证、转账凭证,如表 2-2-48

至表 2-2-56 所示。根据训练资料(10)~(14)题的原始凭证填制记账凭证,如表 2-2-57 至表 2-2-61 所示。

表 2-2-48

付 款 凭 证

贷方科目:　　　　　　　　　　年　月　日　　　　　　　　　　付字第　　号

摘　要	借方科目		金　额										记　账
	总账科目	明细科目	千	百	十	万	千	百	十	元	角	分	
附件　张	合　计												

会计主管:　　　　记账:　　　　出纳:　　　　审核:　　　　制单:

- ✂

表 2-2-49

付 款 凭 证

贷方科目:　　　　　　　　　　年　月　日　　　　　　　　　　付字第　　号

摘　要	借方科目		金　额										记　账
	总账科目	明细科目	千	百	十	万	千	百	十	元	角	分	
附件　张	合　计												

会计主管:　　　　记账:　　　　出纳:　　　　审核:　　　　制单:

- ✂

表 2-2-50

收 款 凭 证

借方科目:　　　　　　　　　　年　月　日　　　　　　　　　　收字第　　号

摘　要	贷方科目		金　额										记　账
	总账科目	明细科目	千	百	十	万	千	百	十	元	角	分	
附件　张	合　计												

会计主管:　　　　记账:　　　　出纳:　　　　审核:　　　　制单:

表 2-2-51

付 款 凭 证

贷方科目： 　　　　　　　　　　　　　年 月 日 　　　　　　　　　付字第 号

摘 要	借方科目		金 额									记账
	总账科目	明细科目	千	百	十	万	千	百	十	元	角	分	
附件　张	合　计												

会计主管： 　　　记账： 　　　出纳： 　　　审核： 　　　制单：

✂ -

表 2-2-52

转 账 凭 证

年 月 日 　　　　　　　　　转字第 号

摘 要	会计科目		借方金额								贷方金额								记账
	总账科目	明细科目	十	万	千	百	十	元	角	分	十	万	千	百	十	元	角	分	
附件　张	合　计																		

会计主管： 　　　记账： 　　　出纳： 　　　审核： 　　　制单：

✂ -

表 2-2-53

转 账 凭 证

年 月 日 　　　　　　　　　转字第 号

摘 要	会计科目		借方金额								贷方金额								记账
	总账科目	明细科目	十	万	千	百	十	元	角	分	十	万	千	百	十	元	角	分	
附件　张	合　计																		

会计主管： 　　　记账： 　　　出纳： 　　　审核： 　　　制单：

表 2-2-54

转 账 凭 证

年 月 日 转字第 号

摘要	会计科目		借方金额								贷方金额								记账
	总账科目	明细科目	十	万	千	百	十	元	角	分	十	万	千	百	十	元	角	分	
附件 张	合 计																		

会计主管: 记账: 出纳: 审核: 制单:

表 2-2-55

转 账 凭 证

年 月 日 转字第 号

摘要	会计科目		借方金额								贷方金额								记账
	总账科目	明细科目	十	万	千	百	十	元	角	分	十	万	千	百	十	元	角	分	
附件 张	合 计																		

会计主管: 记账: 出纳: 审核: 制单:

表 2-2-56

转 账 凭 证

年 月 日 转字第 号

摘要	会计科目		借方金额								贷方金额								记账
	总账科目	明细科目	十	万	千	百	十	元	角	分	十	万	千	百	十	元	角	分	
附件 张	合 计																		

会计主管: 记账: 出纳: 审核: 制单:

表 2-2-57

记 账 凭 证

年　月　日　　　　　　　　　　　　　　　字第　　号

摘　要	会计科目		借方金额								贷方金额								记账
	总账科目	明细科目	十	万	千	百	十	元	角	分	十	万	千	百	十	元	角	分	
附件　张	合　计																		

会计主管:　　　　记账:　　　　出纳:　　　　审核:　　　　制单:

表 2-2-58

记 账 凭 证

年　月　日　　　　　　　　　　　　　　　字第　　号

摘　要	会计科目		借方金额								贷方金额								记账
	总账科目	明细科目	十	万	千	百	十	元	角	分	十	万	千	百	十	元	角	分	
附件　张	合　计																		

会计主管:　　　　记账:　　　　出纳:　　　　审核:　　　　制单:

表 2-2-59

记 账 凭 证

年　月　日　　　　　　　　　　　　　　　字第　　号

摘　要	会计科目		借方金额								贷方金额								记账
	总账科目	明细科目	十	万	千	百	十	元	角	分	十	万	千	百	十	元	角	分	
附件　张	合　计																		

会计主管:　　　　记账:　　　　出纳:　　　　审核:　　　　制单:

表 2-2-60

记 账 凭 证

年 月 日　　　　　　　　　　　字第　　号

摘　要	会计科目		借方金额								贷方金额								记账
	总账科目	明细科目	十	万	千	百	十	元	角	分	十	万	千	百	十	元	角	分	
附件　张	合　计																		

会计主管：　　　　记账：　　　　出纳：　　　　审核：　　　　制单：

表 2-2-61

记 账 凭 证

年 月 日　　　　　　　　　　　字第　　号

摘　要	会计科目		借方金额								贷方金额								记账
	总账科目	明细科目	十	万	千	百	十	元	角	分	十	万	千	百	十	元	角	分	
附件　张	合　计																		

会计主管：　　　　记账：　　　　出纳：　　　　审核：　　　　制单：

实训三　会计账簿的设置与登记

一、实训目的

　　设置与登记账簿是会计核算的一种专门方法，也是会计核算的中心环节。学会设置和登记账簿不仅是会计人员的基本工作，也是会计专业学生应该掌握的一项基本技能。通过实训，使学生了解账簿的作用、类别和基本结构，熟悉企业一般会设置哪些账簿，掌握账簿的启用和账簿的登记规则等基本操作技能。

二、实训资料

　　(1) 榕城有限责任公司 2015 年 1 月 1 日有关账户期初余额如表 2-3-1 所示。

表 2-3-1

2015 年 1 月 1 日有关账户期初余额

账户名称	借　方	账户名称	贷　方
库存现金	3 200	短期借款	600 000
银行存款	158 000	应付票据	70 000
应收票据	51 000	应付账款	50 000
应收账款	20 000	应交税费	23 500
生产成本	30 000	应付职工薪酬	15 400
原材料	211 000	实收资本	2 250 000
库存商品	320 000	资本公积	97 000
长期股权投资	100 000	盈余公积	75 600
固定资产	3 200 000	利润分配	1 700
		累计折旧	910 000
合　计	4 093 200	合　计	4 093 200

(2) 2014 年 12 月 31 日，该公司有关明细账户余额如下。

① "原材料"：A 材料 1 500 千克，每千克 80 元，计 120 000 元；B 材料 1 300 千克，每千克 70 元，计 91 000 元。

② "生产成本"：30 000 元。该企业甲产品生产成本明细账如表 2-3-2 所示。

表 2-3-2

甲产品生产成本明细账　　　　　　　单位：元

产品名称	月初在产品数量/件	月初在产品			
		直接材料	直接人工	制造费用	合　计
甲产品	200	17 000	8 000	5 000	30 000

③ "应付账款"：上海东方有限责任公司(贷方)17 000 元，上海启明股份有限公司(贷方)13 000 元，其他 20 000 元。

④ "应交税费"：应交增值税 15 300 元，应交所得税 8 200 元。

(3) 2015 年 1 月发生经济业务如下。

① 5 日，接受投资者的现金投资 200 000 元，款项收到，存入银行。

② 7 日，公司因临时周转需要，从银行借入期限为 6 个月的借款 80 000 元，年利率 6%，按月计提利息。

③ 10 日，公司购入 A 材料一批，增值税专用发票上注明的货款为 40 000 元，增值税税额为 6 800 元，全部款项已支付，材料验收入库。

④ 10 日，从银行提取现金 1 000 元，以备零星开支需要。

⑤ 12 日，生产车间生产甲产品领用 A 材料 1 000 千克，每千克 80 元；B 材料 1 000 千克，每千克 70 元；车间一般耗用 A 材料 100 千克，每千克 80 元；行政管理部门耗用 B 材料 200 千克，每千克 70 元。

⑥　13 日，用现金 345 元购买办公用品。

⑦　15 日，采购部李华出差回来报销差旅费 1 200 元。

⑧　16 日，公司购入一项专用设备，共支付价款 80 000 元，增值税专用发票上注明的增值税税额为 13 600 元，款项已支付。

⑨　20 日，支付本月发生水电费共计 3 900 元。

⑩　21 日，本月应付职工薪酬 212 040 元。其中，产品生产人员工资为 102 600 元，车间管理人员工资为 57 000 元，企业行政管理人员工资为 34 200 元，销售人员工资为 18 240 元。

⑪　22 日，计提本月固定资产折旧 19 100 元。其中，生产车间用固定资产应提取的折旧为 11 500 元，行政管理部门所用固定资产应提取的折旧为 7 600 元。

⑫　22 日，结转本月制造费用。

⑬　22 日，甲产品全部完工，结转完工产品成本。

⑭　22 日，向东海公司出售甲产品一批。增值税税率为 17%，增值税专用发票上注明的货款为 850 000 元，增值税税额为 144 500 元，货已发出，货款尚未收到。

⑮　22 日，结转本月售出产品的生产成本 150 000 元。

⑯　28 日，公司确定有一笔无法支付的应付账款 11 000 元，经批准后按《企业会计准则》要求处理。

⑰　30 日，公司向当地希望小学捐赠现金共计人民币 20 000 元，款项已通过银行汇出。

⑱　将本月损益类账户中收入类账户余额转入本年利润。

⑲　将本月损益类账户中成本费用类账户余额转入本年利润。

⑳　计算本月利润总额和应纳所得税。

㉑　将"所得税费用"转入"本年利润"。

㉒　将净利润转入"利润分配"账户。

㉓　按国家相关规定和顺序提取盈余公积金。其中，法定盈余公积金按净利润的 10% 提取，任意盈余公积金按净利润的 5% 提取。

㉔　根据董事会等公司权力机构的决定，向投资人分配利润 20 000 元。

㉕　结转本月已分配利润。

三、实训要求

(1)　根据所发生的经济业务编制记账凭证(记账凭证略)，以会计分录代替。

(2)　建立日记账，根据收、付款凭证(以会计分录代替)逐日、逐笔登记库存现金日记账和银行存款日记账。现金日记账和银行存款日记账如表 2-3-3 和表 2-3-4 所示。

(3)　建立明细分类账，根据记账凭证(以会计分录代替)逐笔登记三栏式明细账：应付账款明细账如表 2-3-5、表 2-3-6 和表 2-3-7 所示，应交税费明细账如表 2-3-8 和表 2-3-9 所示；数量金额式明细账：原材料明细账如表 2-3-10 和表 2-3-11 所示；多栏式明细账：生产成本明细账如表 2-3-12 所示。

(4)　编制科目汇总表，如表 2-3-13 所示；建立总分类账，根据科目汇总表登记总分类账，如表 2-3-14 至表 2-3-34 所示。

表 2-3-3

现金日记账

年		凭证		摘要	对方科目	借方									贷方									借或贷	余额								
月	日	种类	号数			百	十	万	千	百	十	元	角	分	百	十	万	千	百	十	元	角	分		百	十	万	千	百	十	元	角	分

面向『十三五』高职高专项目导向式教改教材·财经系列

表2-3-4

银行存款日记账

年		凭证		摘要	对方科目	借方									贷方									借或贷	余额								
月	日	种类	号数			百	十	万	千	百	十	元	角	分	百	十	万	千	百	十	元	角	分		百	十	万	千	百	十	元	角	分

表 2-3-5

应付账款明细账

二级明细科目：
三级明细科目：

年		凭证		摘要	对方科目	借方									贷方									借或贷	余额								
月	日	种类	号数			百	十	万	千	百	十	元	角	分	百	十	万	千	百	十	元	角	分		百	十	万	千	百	十	元	角	分

表 2-3-6

应付账款明细账

二级明细科目：
三级明细科目：

年		凭证		摘要	对方科目	借方									贷方									借或贷	余额								
月	日	种类	号数			百	十	万	千	百	十	元	角	分	百	十	万	千	百	十	元	角	分		百	十	万	千	百	十	元	角	分

表 2-3-7

应付账款明细账

二级明细科目：
三级明细科目：

年		凭证		摘要	对方科目	借方									贷方									借或贷	余额								
月	日	种类	号数			百	十	万	千	百	十	元	角	分	百	十	万	千	百	十	元	角	分		百	十	万	千	百	十	元	角	分

- - - - - - ✂ - - - - - -

表 2-3-8

应交税费明细账

二级明细科目：
三级明细科目：

年		凭证		摘要	对方科目	借方									贷方									借或贷	余额								
月	日	种类	号数			百	十	万	千	百	十	元	角	分	百	十	万	千	百	十	元	角	分		百	十	万	千	百	十	元	角	分

面向「十二五」高职高专项目导向式教改教材·财经系列

表 2-3-9

应交税费明细账

二级明细科目：
三级明细科目：

年		凭证		摘要	对方科目	借方									贷方									借或贷	余额								
月	日	种类	号数			百	十	万	千	百	十	元	角	分	百	十	万	千	百	十	元	角	分		百	十	万	千	百	十	元	角	分

表 2-3-10

原材料明细账

编号________ 货名________ 计量单位________ 存放地点________ 最高存量________ 最低存量________

年		凭证		摘要	对方科目	收入									发出									结存								
月	日	种类	号数			数量	单价	金额							数量	单价	金额							数量	单价	金额						
								万	千	百	十	元	角	分			万	千	百	十	元	角	分			万	千	百	十	元	角	分

面向『十二五』高职高专项目导向式教改教材·财经系列

表 2-3-11

原材料明细账

编号______　货名______　计量单位______　存放地点______　最高存量______　最低存量______

年		凭证		摘要	对方科目	收入									发出									结存								
月	日	种类	号数			数量	单价	金额							数量	单价	金额							数量	单价	金额						
								万	千	百	十	元	角	分			万	千	百	十	元	角	分			万	千	百	十	元	角	分

表 2-3-12

生产成本明细账

编号______　货名______　计量单位______　存放地点______　最高存量______　最低存量______

年		凭证		摘要	对方科目	借方发生额	成本项目分析		
月	日	种类	号数				直接材料	直接人工	制造费用

表 2-3-13

科目汇总表

年　月　日　　　　　　　　　　　　　第　号

会计科目	本期发生额		会计科目	本期发生额	
	借方	贷方		借方	贷方
合　计			合　计		

表 2-3-14

库存现金总账

年		凭证		摘　要	对方科目	借　方									贷　方									借或贷	余　额								
月	日	种类	号数			百	十	万	千	百	十	元	角	分	百	十	万	千	百	十	元	角	分		百	十	万	千	百	十	元	角	分

表 2-3-15

银行存款总账

年		凭证		摘　要	对方科目	借　方									贷　方									借或贷	余　额								
月	日	种类	号数			百	十	万	千	百	十	元	角	分	百	十	万	千	百	十	元	角	分		百	十	万	千	百	十	元	角	分

面向『十二五』高职高专项目导向式教改教材·财经系列

表2-3-16

应 收 票 据 总 账

年		凭证		摘要	对方科目	借 方								贷 方								借或贷	余 额							
月	日	种类	号数			百	十	万	千	百	十	元	角	分	百	十	万	千	百	十	元	角	分		百	十	万	千	百	十	元	角	分

表2-3-17

应 收 账 款 总 账

年		凭证		摘要	对方科目	借 方								贷 方								借或贷	余 额							
月	日	种类	号数			百	十	万	千	百	十	元	角	分	百	十	万	千	百	十	元	角	分		百	十	万	千	百	十	元	角	分

表 2-3-18

生产成本总账

年		凭证		摘要	对方科目	借方									贷方									借或贷	余额								
月	日	种类	号数			百	十	万	千	百	十	元	角	分	百	十	万	千	百	十	元	角	分		百	十	万	千	百	十	元	角	分

表 2-3-19

原材料总账

年		凭证		摘要	对方科目	借方									贷方									借或贷	余额								
月	日	种类	号数			百	十	万	千	百	十	元	角	分	百	十	万	千	百	十	元	角	分		百	十	万	千	百	十	元	角	分

表2-3-20

库 存 商 品 总 账

年		凭证		摘要	对方科目	借方									贷方									借或贷	余额								
月	日	种类	号数			百	十	万	千	百	十	元	角	分	百	十	万	千	百	十	元	角	分		百	十	万	千	百	十	元	角	分

表2-3-21

长 期 股 权 投 资 总 账

年		凭证		摘要	对方科目	借方									贷方									借或贷	余额								
月	日	种类	号数			百	十	万	千	百	十	元	角	分	百	十	万	千	百	十	元	角	分		百	十	万	千	百	十	元	角	分

表 2-3-22

固定资产总账

年		凭证		摘要	对方科目	借方									贷方									借或贷	余额								
月	日	种类	号数			百	十	万	千	百	十	元	角	分	百	十	万	千	百	十	元	角	分		百	十	万	千	百	十	元	角	分

✂

表 2-3-23

短期借款总账

年		凭证		摘要	对方科目	借方									贷方									借或贷	余额								
月	日	种类	号数			百	十	万	千	百	十	元	角	分	百	十	万	千	百	十	元	角	分		百	十	万	千	百	十	元	角	分

面向『十二五』高职高专项目导向式教改教材　·　财经系列

表 2-3-24

应付票据总账

年		凭证		摘要	对方科目	借方									贷方									借或贷	余额								
月	日	种类	号数			百	十	万	千	百	十	元	角	分	百	十	万	千	百	十	元	角	分		百	十	万	千	百	十	元	角	分

表 2-3-25

应付账款总账

年		凭证		摘要	对方科目	借方									贷方									借或贷	余额								
月	日	种类	号数			百	十	万	千	百	十	元	角	分	百	十	万	千	百	十	元	角	分		百	十	万	千	百	十	元	角	分

面向『十二五』高职高专项目导向式教改教材·财经系列

表 2-3-26

应交税费总账

年		凭证		摘要	对方科目	借方									贷方									借或贷	余额								
月	日	种类	号数			百	十	万	千	百	十	元	角	分	百	十	万	千	百	十	元	角	分		百	十	万	千	百	十	元	角	分

表 2-3-27

应付职工薪酬总账

年		凭证		摘要	对方科目	借方									贷方									借或贷	余额								
月	日	种类	号数			百	十	万	千	百	十	元	角	分	百	十	万	千	百	十	元	角	分		百	十	万	千	百	十	元	角	分

面向『十二五』高职高专项目导向式教改教材 • 财经系列

表 2-3-28

实收资本总账

年		凭证		摘要	对方科目	借方									贷方									借或贷	余额								
月	日	种类	号数			百	十	万	千	百	十	元	角	分	百	十	万	千	百	十	元	角	分		百	十	万	千	百	十	元	角	分

表 2-3-29

资本公积总账

年		凭证		摘要	对方科目	借方									贷方									借或贷	余额								
月	日	种类	号数			百	十	万	千	百	十	元	角	分	百	十	万	千	百	十	元	角	分		百	十	万	千	百	十	元	角	分

表 2-3-30

盈余公积总账

年		凭证		摘要	对方科目	借方									贷方									借或贷	余额								
月	日	种类	号数			百	十	万	千	百	十	元	角	分	百	十	万	千	百	十	元	角	分		百	十	万	千	百	十	元	角	分

表 2-3-31

利润分配总账

年		凭证		摘要	对方科目	借方									贷方									借或贷	余额								
月	日	种类	号数			百	十	万	千	百	十	元	角	分	百	十	万	千	百	十	元	角	分		百	十	万	千	百	十	元	角	分

面向"十二五"高职高专项目导向式教改教材 · 财经系列

表 2-3-32

累计折旧总账

年		凭证		摘要	对方科目	借方									贷方									借或贷	余额								
月	日	种类	号数			百	十	万	千	百	十	元	角	分	百	十	万	千	百	十	元	角	分		百	十	万	千	百	十	元	角	分

表 2-3-33

应付利息总账

年		凭证		摘要	对方科目	借方									贷方									借或贷	余额								
月	日	种类	号数			百	十	万	千	百	十	元	角	分	百	十	万	千	百	十	元	角	分		百	十	万	千	百	十	元	角	分

表 2-3-34

应付股利总账

年		凭证		摘要	对方科目	借方									贷方									借或贷	余额								
月	日	种类	号数			百	十	万	千	百	十	元	角	分	百	十	万	千	百	十	元	角	分		百	十	万	千	百	十	元	角	分

面向『十二五』高职高专项目导向式教改教材·财经系列

实训四　错账的查找与更正

一、实训目的

通过实训，使学生掌握账簿记录错误更正的基本方法。

二、实训资料

榕新实业有限公司 2015 年 12 月部分凭证及账簿资料如下，年末结账前，请找出差错并采用正确的方法进行更正。

(一)原始凭证

(1) 10 日，办公室职员李丽持支票采购办公用品，取得发票一张，如表 2-4-1 和表 2-4-2 所示。

表 2-4-1

福建增值税普通发票

全国统一发票监制章　福建　国家税务总局监制

发票联

开票日期：2015 年 12 月 10 日

购买方	名　　称：榕新实业有限公司 纳税人识别号：350101260750588 地 址、电 话：仓山区先锋路 86 号 88346139 开户行及账号：工行仓办 36002186798				密码区	(略)		
货物或应税劳务、服务名称	规格型号	单位	数量	单价	金额	税率	税额	
笔记本		本	10	10	85.47	17%	14.53	
碳素笔		支	20	20	341.88	17%	58.12	
计算器		台	2	240	410.26	17%	69.74	
合　计					¥837.61		¥142.39	
价税合计(大写)	⊗玖佰捌拾元整			(小写)　¥980.00				
销售方	名　　称：福州恒顺办公用品专卖场 纳税人识别号：350007057623663 地 址、电 话：仓山区三高路 162 号 88444203 开户行及账号：工行福州市仓山支行 14020241090162639				备注	福州恒顺办公用品专卖场 350007057623663 发票专用章		

第二联　发票联　购买方记账凭证

收款人：吴　敏　　复核：　　开票人：翁安琪　　销售方：(章)

表 2-4-2

中国工商银行(闽)
转账支票存根
NO. 02821978
附加信息
_____

_____

出票日期 *2015* 年 *12* 月 *10* 日

| 收款人：*福州恒顺办公用品专卖场* |
| 金　额：*¥980.00* |
| 用　途：*付办公用品费* |

单位主管　　　会计：*李　红*

(2) 12 日，采购员李倩预借差旅费，经领导批准支付现金 5 000 元。借款单如表 2-4-3 所示。

表 2-4-3

借　款　单

借款日期 *2015* 年 *12* 月 *12* 日

部　　门		供应科	借款事由	采购材料
申请借款金额	金额(大写)*伍仟元整*	现金付讫	¥:*5000*	
批准金额	金额(大写)*伍仟元整*		¥:*5000*	
领　　导	*林梅*	财务主管	*刘辉*	借款人　　*李倩*

(3) 16 日，收回胜利商厦交来的转账支票一张，归还前欠货款，当日将支票送存银行，已办妥进账手续。进账单如表 2-4-4 所示。

表 2-4-4

中国工商银行　进账单(收账通知)

2015 年 12 月 16 日

<table>
<tr>
<td rowspan="3">出票人</td>
<td>全　称</td>
<td>胜利商厦</td>
<td rowspan="3">收款人</td>
<td>全　称</td>
<td colspan="11">榕新实业有限公司</td>
<td rowspan="8">此联是收款人开户行交给收款人的收账通知</td>
</tr>
<tr>
<td>账　号</td>
<td>028-368974212</td>
<td>账　号</td>
<td colspan="11">125-960086578</td>
</tr>
<tr>
<td>开户银行</td>
<td>工行营业六部</td>
<td>开户银行</td>
<td colspan="11">工行营业一部</td>
</tr>
<tr>
<td rowspan="2">金额</td>
<td>人民币</td>
<td rowspan="2">壹万捌仟元整</td>
<td>亿</td>
<td>千</td>
<td>百</td>
<td>十</td>
<td>万</td>
<td>千</td>
<td>百</td>
<td>十</td>
<td>元</td>
<td>角</td>
<td>分</td>
</tr>
<tr>
<td>(大写)</td>
<td></td>
<td></td>
<td></td>
<td>¥</td>
<td>1</td>
<td>8</td>
<td>0</td>
<td>0</td>
<td>0</td>
<td>0</td>
<td>0</td>
</tr>
<tr>
<td>票据种类</td>
<td>转账支票</td>
<td>票据张数</td>
<td>1 张</td>
<td colspan="11" rowspan="2">工商银行

2015.12.16
转讫</td>
</tr>
<tr>
<td>票据号码</td>
<td colspan="3"></td>
</tr>
<tr>
<td>备注:</td>
<td colspan="3"></td>
</tr>
<tr>
<td colspan="4" style="text-align:center">复核　　　　记账</td>
<td colspan="11">开户行签章</td>
</tr>
</table>

(4)　31 日，开出支票支付本月电话费，支票存根和发票如表 2-4-5、表 2-4-6 所示。

表 2-4-5

福建增值税普通发票

福建
发票联
国家税务总局监制

开票日期: 2015 年 12 月 31 日

<table>
<tr>
<td rowspan="4">购买方</td>
<td>名　　称:</td>
<td colspan="6">榕新实业有限公司</td>
<td rowspan="4">密码区</td>
<td rowspan="4">(略)</td>
</tr>
<tr>
<td>纳税人识别号:</td>
<td colspan="6">350101260750588</td>
</tr>
<tr>
<td>地　址、电话:</td>
<td colspan="6">仓山区先锋路 86 号 88346139</td>
</tr>
<tr>
<td>开户行及账号:</td>
<td colspan="6">工行仓办 36002186798</td>
</tr>
<tr>
<td>货物或应税劳务、服务名称</td>
<td colspan="2">规格型号</td>
<td>单位</td>
<td>数量</td>
<td>单价</td>
<td>金额</td>
<td>税率</td>
<td>税额</td>
</tr>
<tr>
<td>基本月租</td>
<td colspan="2"></td>
<td></td>
<td></td>
<td></td>
<td>20.00</td>
<td>***</td>
<td>***</td>
</tr>
<tr>
<td>本地区内</td>
<td colspan="2"></td>
<td></td>
<td></td>
<td></td>
<td>436.83</td>
<td>***</td>
<td>***</td>
</tr>
<tr>
<td>国内长话</td>
<td colspan="2"></td>
<td></td>
<td></td>
<td></td>
<td>128.17</td>
<td>***</td>
<td>***</td>
</tr>
<tr>
<td>合　　计</td>
<td colspan="2"></td>
<td></td>
<td></td>
<td></td>
<td>¥585.00</td>
<td></td>
<td></td>
</tr>
<tr>
<td>价税合计(大写)</td>
<td colspan="5">⊗伍佰捌拾伍元整</td>
<td>(小写)　¥585.00</td>
<td colspan="2"></td>
</tr>
<tr>
<td rowspan="4">销售方</td>
<td>名　　称:</td>
<td colspan="5">中国网通有限公司福州分公司</td>
<td rowspan="4">备注</td>
<td rowspan="4">中国网通有限公司
350007057623632
发票专用章</td>
</tr>
<tr>
<td>纳税人识别号:</td>
<td colspan="5">350007057623632</td>
</tr>
<tr>
<td>地　址、电话:</td>
<td colspan="5">仓山区上三路 162 号 88444813</td>
</tr>
<tr>
<td>开户行及账号:</td>
<td colspan="5">工行福州市仓山支行 14020241090162231</td>
</tr>
</table>

收款人: 李梅　　　　复核:　　　　　开票人: 张红　　　销售方: (章)

面向『十二五』高职高专项目导向式教改教材·财经系列

第二联　发票联　购买方记账凭证

图 2-4-6

中国工商银行(闽)

转账支票存根

NO. 02821979

附加信息

_____

_____

出票日期 *2015* 年 *12* 月 *31* 日

收款人：*中国网通有限公司福州网通公司*	
金　额：*¥585.00*	
用　途：*付话费*	

单位主管　　会计：*李　红*

(5)　31 日，采用信汇方式预付东方公司材料款 90 000 元。信汇凭证如表 2-4-7 所示。

表 2-4-7

中国工商银行　信汇凭证(回单)

委托日期 *2015* 年 *12* 月 *31* 日

<table>
<tr><td rowspan="4">出票人</td><td>全　称</td><td colspan="2">榕新实业有限公司</td><td rowspan="4">收款人</td><td>全　称</td><td colspan="11">东方公司</td><td rowspan="11">此联是汇出行给汇款人的回单</td></tr>
<tr><td>账　号</td><td colspan="2">8976555</td><td>账　号</td><td colspan="11">303102536</td></tr>
<tr><td>汇出地点</td><td colspan="2"></td><td>汇入地点</td><td colspan="11"></td></tr>
<tr><td colspan="3">汇出行名称</td><td colspan="2">汇入行名称</td><td colspan="10"></td></tr>
<tr><td rowspan="2">金额</td><td>人民币
(大写)</td><td colspan="2" rowspan="2">玖万元整</td><td></td><td>亿</td><td>千</td><td>百</td><td>十</td><td>万</td><td>千</td><td>百</td><td>十</td><td>元</td><td>角</td><td>分</td></tr>
<tr><td></td><td></td><td></td><td></td><td></td><td>¥</td><td>9</td><td>0</td><td>0</td><td>0</td><td>0</td><td>0</td><td>0</td></tr>
<tr><td colspan="3"></td><td colspan="12">支付密码</td></tr>
<tr><td colspan="3" rowspan="4"></td><td colspan="12">附加信息及用途：预付货款</td></tr>
<tr><td colspan="12">工商银行</td></tr>
<tr><td colspan="12">2015.12.31</td></tr>
<tr><td colspan="12">转讫</td></tr>
<tr><td colspan="3">汇出行签章</td><td colspan="6">复核</td><td colspan="6">记账</td></tr>
</table>

(二)记账凭证

(1)　付款凭证如表 2-4-8 所示。

表 2-4-8

付 款 凭 证

贷方科目：银行存款　　　　2015年 12月 10日　　　　银付字第 16 号

摘　要	借方科目		金　额										记　账
	总账科目	明细科目	千	百	十	万	千	百	十	元	角	分	
购办公用品	管理费用	办公费					9	8	0	0	0	0	
附件　　张	合　计					¥	9	8	0	0	0	0	

会计主管：刘辉　　记账：温宏　　出纳：于奇　　复核：杨新　　制单：于奇

(2)　付款凭证如表 2-4-9 所示。

表 2-4-9

付 款 凭 证

贷方科目：银行存款　　　　2015年 12月 10日　　　　现付字第 20 号

摘　要	借方科目		金　额										记　账
	总账科目	明细科目	千	百	十	万	千	百	十	元	角	分	
预借差旅费	其他应收款	李倩						5	0	0	0	0	
附件　　张	合　计						¥	5	0	0	0	0	

会计主管：刘辉　　记账：温宏　　出纳：于奇　　复核：杨新　　制单：于奇

(3)　收款凭证如表 2-4-10 所示。

表 2-4-10

收 款 凭 证

借方科目：银行存款　　　　2015年 12月 16日　　　　银收字第 23 号

摘　要	借方科目		金　额										记　账
	总账科目	明细科目	千	百	十	万	千	百	十	元	角	分	
收回货款	应付账款	胜利商厦				1	8	5	0	0	0	0	
附件　　张	合　计				¥	1	8	5	0	0	0	0	

会计主管：刘辉　　记账：温宏　　出纳：于奇　　复核：杨新　　制单：于奇

(4) 付款凭证如表 2-4-11 所示。

表 2-4-11

付款凭证

贷方科目：银行存款　　2015年12月31日　　银付字第50号

摘要	借方科目		金额										记账
	总账科目	明细科目	千	百	十	万	千	百	十	元	角	分	
支付话费	管理费用	电话费							5	8	5	0	
附件　张	合计							¥	5	8	5	0	

会计主管：刘辉　　记账：温宏　　出纳：于奇　　复核：杨新　　制单：于奇

(5) 付款凭证如表 2-4-12 所示。

表 2-4-12

付款凭证

贷方科目：银行存款　　2015年12月31日　　银付字第80号

摘要	借方科目		金额										记账
	总账科目	明细科目	千	百	十	万	千	百	十	元	角	分	
预付货款	预付账款	东方公司				9	0	0	0	0	0	0	
附件　张	合计				¥	9	0	0	0	0	0	0	

会计主管：刘辉　　记账：温宏　　出纳：于奇　　复核：杨新　　制单：于奇

(三)账簿资料

账簿资料如表 2-4-13 至表 2-4-19 所示。

三、实训要求

根据以上每一笔交易或事项所填制或取得的原始凭证，检查所填制的记账凭证和依据记账凭证所登记的账户记录是否正确。若有错误，请指出是由于会计记录本身的错误，还是由于记账凭证填错而引起的记录错误，并采用正确的方法进行更正。本实训所需记账凭证如表 2-4-20 至表 2-4-24 所示。

表 2-4-13

银行存款日记账

2015年		凭证		摘要	对方科目	借方									贷方									借或贷	余额								
月	日	种类	号数			百	十	万	千	百	十	元	角	分	百	十	万	千	百	十	元	角	分		百	十	万	千	百	十	元	角	分
				承前页																				借		1	6	6	9	0	0	0	0
12	12	银付	16	购办公用品														9	8	0	0	0	0	借									
				（略）																													
	16	银收	23	收货款				1	8	0	0	0	0	0										借									
				（略）																													
	31	银付	50	支付电话费																5	8	5	0	借									
				（略）																													
	31	银收	80	预付货款														9	0	0	0	0	0	借									

面向『十二五』高职高专项目导向式教改教材・财经系列

表 2-4-14

库存现金总账

2015年		凭证		摘要	对方科目	借方									贷方									借或贷	余额								
月	日	种类	号数			百	十	万	千	百	十	元	角	分	百	十	万	千	百	十	元	角	分		百	十	万	千	百	十	元	角	分
				承前页																				借				4	2	0	0	0	0
12	12	现付	20	预错差旅费															5	0	0	0	0	借				3	7	0	0	0	0

表 2-4-15

管理费用明细账

2015年		凭证		摘要	办公费	水电费	保险费	其他	合计
月	日	字	号						
12	1	银付	16	购办公用品	9800				9800
				(略)					
	31	银付	50	支付电话费				58.50	58.50

表 2-4-16

其他应收款明细分类账

账户名称：李倩

2015年		凭证		摘要	对方科目	借方									贷方									借或贷	余额								
月	日	种类	号数			百	十	万	千	百	十	元	角	分	百	十	万	千	百	十	元	角	分		百	十	万	千	百	十	元	角	分
12	12	现付	20	预借差旅费						5	0	0	0	0										借					5	0	0	0	0

表 2-4-17

应付账款明细分类账

账户名称：胜利商厦

2015年		凭证		摘要	对方科目	借方									贷方									借或贷	余额								
月	日	种类	号数			百	十	万	千	百	十	元	角	分	百	十	万	千	百	十	元	角	分		百	十	万	千	百	十	元	角	分
				承前页																				贷			5	0	0	0	0	0	0
12	12	银收	23	收货款													1	8	0	0	0	0	0	贷									

面向『十二五』高职高专项目导向式教改教材·财经系列

表 2-4-18

预付账款明细分类账

账户名称：东方公司

2015年		凭证		摘要	对方科目	借方									贷方									借或贷	余额								
月	日	种类	号数			百	十	万	千	百	十	元	角	分	百	十	万	千	百	十	元	角	分		百	十	万	千	百	十	元	角	分
12	31	银付	80	预付货款				9	0	0	0	0	0	0										借			9	0	0	0	0	0	0

表 2-4-19

应收账款明细分类账

账户名称：胜利商厦

2015年		凭证		摘要	对方科目	借方									贷方									借或贷	余额								
月	日	种类	号数			百	十	万	千	百	十	元	角	分	百	十	万	千	百	十	元	角	分		百	十	万	千	百	十	元	角	分
				承前页																				贷			9	0	0	0	0	0	0

表 2-4-20

付 款 凭 证

贷方科目：　　　　　　　　　　　年　月　日　　　　　　　　　付字第　号

摘　要	借方科目		金　额										记账
	总账科目	明细科目	千	百	十	万	千	百	十	元	角	分	
附件　　张	合　计												

会计主管：　　　记账：　　　出纳：　　　审核：　　　制单：

- ✂

表 2-4-21

付 款 凭 证

贷方科目：　　　　　　　　　　　年　月　日　　　　　　　　　付字第　号

摘　要	借方科目		金　额										记账
	总账科目	明细科目	千	百	十	万	千	百	十	元	角	分	
附件　　张	合　计												

会计主管：　　　记账：　　　出纳：　　　审核：　　　制单：

- ✂

表 2-4-22

收 款 凭 证

借方科目：　　　　　　　　　　　年　月　日　　　　　　　　　收字第　号

摘　要	贷方科目		金　额										记账
	总账科目	明细科目	千	百	十	万	千	百	十	元	角	分	
附件　　张	合　计												

会计主管：　　　记账：　　　出纳：　　　审核：　　　制单：

表 2-4-23

收 款 凭 证

借方科目： 　　　　年 月 日 　　　　收字第　号

摘　要	贷方科目		金　额										记账
	总账科目	明细科目	千	百	十	万	千	百	十	元	角	分	
附件　张	合　计												

会计主管： 　　记账： 　　出纳： 　　审核： 　　制单：

表 2-4-24

付 款 凭 证

贷方科目： 　　　　年 月 日 　　　　付字第　号

摘　要	借方科目		金　额										记账
	总账科目	明细科目	千	百	十	万	千	百	十	元	角	分	
附件　张	合　计												

会计主管： 　　记账： 　　出纳： 　　审核： 　　制单：

实训五　银行存款余额调节表的编制

一、实训目的

通过实训，使学生掌握银行存款余额调节表的编制方法。

二、实训资料

(1) 榕新实业有限公司 2015 年 6 月 21 日—30 日银行存款日记账和银行对账单如表 2-5-1 和表 2-5-2 所示。

表 2-5-1

银行存款日记账

第　　页

2015 年		凭　证		摘　要	对方科目	结算凭证		借　方	贷　方	余　额
月	日	字	号			种类	号数			
				以上记录略						515 000
6	21	银付		支付差旅费	其他应收款	现支	10785		2 000	513 000
6	22	银付		提现发薪	库存现金	现支	10786		55 000	458 000
6	24	银付		办公用品费	管理费用	转支	45761		850	457 150
6	26	银收		存销货款	主营业务收入	进账单	7852	11 700		468 850
6	30	银付		邮电费	管理费用	转支	45726		250	468 600
6	30	银收		存款利息	财务费用	结息单	38976	900		469 500
6	30	银收		存押金	其他应付款	进账单	7853	3 600		473 100

表 2-5-2

银行对账单

2015 年 6 月 3 日

2015 年		对方科目代号	摘　要	凭证号		借　方	贷　方	余　额
月	日			现金支票	结算凭证			
			以上记录略					515 000
6	21	10	现金支票	10785		2 000		513 000
6	22	10	现金支票	10786		55 000		458 000
6	25	65	转账支票		45761	850		457 150
6	26	10	进账单		7852		11 700	468 850
6	30	46	托收承付		47216		10 000	478 850
6	30	251	结息单		38976		900	479 750
6	30	518	委托收款		36481	20 358		459 392

三、实训要求

对榕新实业有限公司的银行存款日记账和银行对账单进行逐笔核对，找出未达账项，并编制银行存款余额调节表，如表 2-5-3 所示。

表 2-5-3

银行存款余额调节表

2015 年 6 月 30 日

项　目	金额/元	项　目	金额/元
银行存款日记账余额		银行对账单余额	
加：银行已收企业未收的款项		加：企业已收银行未收的款项	
减：银行已付企业未付的款项		减：企业已付银行未付的款项	
调整后余额		调整后余额	

实训六　资产负债表和利润表的编制

一、实训目的

通过本实训，使学生在充分理解资产负债表和利润表理论的基础上，熟练掌握资产负债表、利润表的基本结构和编制原理，学会资产负债表和利润表的编制方法。

二、实训资料

(一)资产负债表

福州京华厂为企业一般纳税人，适用税率为 17%，所得税税率为 25%。2014 年 12 月 31 日资产负债如表 2-6-1 所示。

表 2-6-1

2014 年 12 月 31 日资产负债表

资　产	金　额	负债和所有者权益	金　额
货币资金	2 630 000	短期借款	250 000
应收票据	189 000	应付票据	180 000
应收账款	319 800	应付账款	828 800
存货	3 210 000	应付职工薪酬	220 000
长期股权投资	190 000	应交税费	40 000
固定资产原值	1 700 000	长期借款	600 000
累计折旧	600 000	实收资本	6 400 000
在建工程	900 000	盈余公积	210 000
无形资产	300 000	未分配利润	110 000
合　计	8 838 800	合　计	8 838 800

2015 年 12 月末有关账户余额如表 2-6-2 所示。

表 2-6-2

2015 年 12 月末有关账户余额

总分类账户	明细分类账户	借方金额	总分类账户	明细分类账户	贷方金额
库存现金		400	短期借款		58 000
银行存款		18 700	应付账款		9 400
应收账款		14 000		恒新公司	5 000
	新海公司	3 000		大京公司	4 400
	大兴工厂	11 000	应付职工薪酬		40 000
应收票据		6 500	应交税费		38 000
原材料		35 000	应付票据		19 000
生产成本		12 000	长期借款		100 000
库存商品		32 800	实收资本		244 000
长期股权投资		300 000	盈余公积		75 000
固定资产		320 000	利润分配		170 000
累计折旧		−25 000			
在建工程		8 000			
无形资产		31 000			
合　计		753 400	合　计		753 400

(二)利润表

福州京华厂 2015 年损益类科目"本年累计数"资料如表 2-6-3 所示。

表 2-6-3

损益类科目本年累计数

会计科目	借方发生额	贷方发生额
主营业务收入		520 000
主营业务成本	276 000	
销售费用	15 100	
营业税金及附加	3 650	
其他业务收入		6 200
其他业务成本	3 350	
管理费用	82 000	
财务费用	12 000	
投资收益		46 000
营业外收入		39 900
营业外支出	30 000	

三、实训要求

(1) 认真学习并掌握会计报表的编制方法，熟悉账户的填列。

(2) 根据所给资料编制资产负债表。

(3) 根据所给资料编制利润表(损益表)。

本实训所需资料如表 2-6-4 和表 2-6-5 所示。

表 2-6-4

资产负债表

会企 01 表

编制单位：　　　　　　　　　　　　　　　年　月　日　　　　　　　　　　　　单位：元

资　产	期末余额	年初余额	负债和所有者权益	期末余额	年初余额
流动资产：			流动负债：		
货币资金			短期借款		
以公允价值计量且其变动			以公允价值计量且其变动计入		
计入当期损益的金融资产			当期损益的金融负债		
应收票据			应付票据		
应收账款			应付账款		
预付款项			预收款项		
应收利息			应付职工薪酬		
应收股利			应交税费		
其他应收款			应付利息		
存货			应付股利		
一年内到期的非流动资产			其他应付款		
其他流动资产			一年内到期的非流动负债		
流动资产合计			其他流动负债		
非流动资产：			流动负债合计		
可供出售金融资产			非流动负债：		
持有至到期投资			长期借款		
长期应收款			应付债券		
长期股权投资			长期应付款		
投资性房地产			专项应付款		
固定资产			预计负债		
在建工程			递延所得税负债		
工程物资			其他非流动负债		
固定资产清理			非流动负债合计		
生产性生物资产			负债合计		
油气资产			所有者权益(或股东权益)：		
无形资产			实收资本(股本)		
开发支出			资本公积		
商誉			减：库存股		
长期待摊费用			其他综合收益		
递延所得税资产			盈余公积		
其他非流动资产			未分配利润		
非流动资产合计			所有者权益(或股东权益)合计		
资产总计			负债和所有者权益(或股东权益)总计		

表2-6-5

利　润　表

会企02表

编制单位：　　　　　　　　　年　月　　　　　　　　　单位：元

项　目	本期金额	上期金额
一、营业收入		
减：营业成本		
营业税金及附加		
销售费用		
管理费用		
财务费用		
资产减值损失		
加：公允价值变动收益(损失以“-”号填列)		
投资收益(损失以“-”号填列)		
其中：对联营企业和合营企业的投资收益		
二、营业利润(亏损以“-”号填列)		
加：营业外收入		
减：营业外支出		
三、利润总额(亏损总额以“-”号填列)		
减：所得税费用		
四、净利润(净亏损以“-”号填列)		
五、其他综合收益的税后净额		
六、综合收益总额		
七、每股收益		
(一)基本每股收益		
(二)稀释每股收益		

项目三

基础会计综合模拟实训

一、实训目的

通过本实训，使学生在系统掌握会计理论和账务处理技能的基础上，比较系统地练习企业会计核算的基本程序和具体方法，掌握会计凭证、会计账簿和会计报表的编制原理，提高会计技能，形成会计责任观念，为以后参加财会工作打下扎实的基础。

二、实训资料

(一)宏达公司 2015 年 12 月初各总账及明细账期初资料

(1) 账户余额如表 3-1-1 所示。

表 3-1-1

账 户 余 额 表

总账科目	二级及明细账户	借 方 金 额		贷 方 金 额	
		总账余额	明细账余额	总账余额	明细账余额
库存现金		1 800.00			
	现金日记账		1 800.00		
银行存款		100 000.00			
	银行存款日记账		100 000.00		
应收票据		20 000.00			
	永兴公司		20 000.00		
应收账款		4 500.00			
	永兴公司		2 500.00		
	腾达公司		2 000.00		
预付账款		2 000.00			
	荣昌公司		2 000.00		
其他应收款		1 670.00			
	张军		1 670.00		
原材料		66 000.00			
	A 材料		50 000.00		
	B 材料		16 000.00		
库存商品		90 000.00			
	Ⅰ号产品		60 000.00		
	Ⅱ号产品		30 000.00		
生产成本		4 735.00			
	Ⅰ号产品		2 235.00		
	Ⅱ号产品		2 500.00		

续表

总账科目	二级及明细账户	借方金额		贷方金额	
		总账余额	明细账余额	总账余额	明细账余额
固定资产		3 000 000.00			
累计折旧				912 300.00	912 300.00
短期借款				100 000.00	
	工业生产周转借款				100 000.00
应付票据				5 000.00	
	兴旺公司				5 000.00
应付账款				36 000.00	
	兴旺公司				21 000.00
	光华公司				15 000.00
预收账款				10 000.00	
	红星公司				10 000.00
其他应付款				2 400.00	
	大丰公司				2 400.00
应付职工薪酬				55 000.00	
	职工薪酬				50 500.00
	职工福利				4 500.00
应交税费				19 986.00	
	应交城建税				928.20
	应交增值税				13 260.00
	教育费附加				397.80
	应交所得税				5 400.00
应付利息				4 000.00	4 000.00
实收资本				2 000 000.00	
	国家资本金				500 000.00
	新华公司				1 500 000.00
资本公积				35 000.00	
	其他资本公积				35 000.00
盈余公积				18 019.00	
	法定盈余公积				18 019.00
利润分配		27 000.00			
	提取法定盈余公积		12 000.00		
	应付股利				
	未分配利润		15 000.00		
本年利润				120 000.00	120 000.00
合　计		3 317 705.00		3 317 705.00	

面向"十二五"高职高专项目导向式教改教材·财经系列

(2) 原材料明细账如表 3-1-2 所示。

表 3-1-2

原材料明细账

品　名		规　格	单　位	数　量	单　价	金　额
原料及主要材料	A 材料		千克	10 000	5.00	50 000.00
	B 材料		千克	8 000	2.00	16 000.00
合　计						66 000.00

(3) 库存商品明细账如表 3-1-3 所示。

表 3-1-3

库存商品明细账

产品名称	规　格	单　位	数　量	单位成本	金　额
Ⅰ号产品		千克	4 000	15	60 000.00
Ⅱ号产品		千克	5 000	6	30 000.00
合　计					90 000.00

(4) 生产成本明细账如表 3-1-4 所示。

表 3-1-4

生产成本明细账

产品名称	月初结存(数量)	成本项目			
		直接材料	直接人工	制造费用	合　计
Ⅰ号产品	200 千克	1 050	930	255	2 235. 00
Ⅱ号产品	600 千克	890	1 150	460	2 500. 00
合计		1 940	2 080	715	4 735. 00

(二)12 月份发生的经济业务

(1) 1 日，从银行提取现金备用 5 000 元，签发现金支票。现金支票存根如表 3-1-5 所示。

表 3-1-5

中国工商银行(闽)

现金支票存根

NO. 0002030

附加信息

出票日期 *2015 年 12 月 1 日*

收款人：*宏达公司*

金　额：*¥5000.00*

用　途：*备用金*

单位主管　　会计：陈容然

‑ ✂

(2) 1 日，办公室职工陈佳预借差旅费 3 000 元，用现金支付。借款单如表 3-1-6 所示。

表 3-1-6

借　款　单

2015 年 12 月 1 日

部　门	姓　名	借款金额	批准金额	备　注
办公室	*陈佳*	*3 000.00*	*3 000.00*	
借款金额(大写)人民币叁仟元整				
借款事由	*出差借款*	归还时间		

批准人：　　　单位负责人：　　　会计：陈容然　　出纳：张　娜

面向"十二五"高职高专项目导向式教改教材·财经系列

(3) 2 日，以现金 300 元购买办公用品。货物销售普通发票如表 3-1-7 所示。

表 3-1-7

福建省货物销售普通发票

购货单位：宏达公司　　　　2015 年 12 月 2 日　　　　NO.38503566

品名	规格	单位	数量	单价	金额						
					万	千	百	十	元	角	分
文件夹		个	20	8			1	6	0	0	0
笔记本		本	20	5			1	0	0	0	0
墨水笔		支	40	1				4	0	0	0
合计						¥	3	0	0	0	0
合计金额(大写)人民币叁百元整											

第二联　发票联

单位：名称(盖章)：　　　　收款人：黄　莉　　　　开票人：郑小红

(4) 3 日，收到新华公司追加的投资 100 000 元，存入银行。银行进账单如表 3-1-8 所示。

表 3-1-8

中国工商银行　进账单(收账通知)

2015年 12月 3日

出票人	全　称	新华公司	收款人	全　称	宏达公司									
	账　号	187600342004		账　号	36002186796									
	开户银行	工行鼓办		开户银行	工行仓办									
金额	人民币(大写)	壹拾万元整		亿	千	百	十	万	千	百	十	元	角	分
						¥	1	0	0	0	0	0	0	0
票据种类	支票	票据张数	1											
票据号码														
备注： 复核　记账				工行仓办 转讫 开户行签章										

此联是收款人开户银行交给收款人的收账通知不作为提货依据

(5) 4 日，从兴旺公司购入 A 材料 4 000 千克，单价 5 元，价款 20 000 元，增值税税额 3 400 元，开出转账支票支付。转账支票存根如表 3-1-9 所示，增值税专用发票如表 3-1-10 所示。

表 3-1-9

中国工商银行(闽)
转账支票存根
NO. 000201

附加信息

出票日期 2015 年 12 月 4 日

收款人：	兴旺公司
金　额：	¥23400.00
用　途：	购买材料

单位主管　　会计：陈容然

表 3-1-10

福建增值税专用发票

全国统一发票监制章　福建　国家税务总局监制

发　票　联

NO.04763813

开票日期：2015 年 12 月 4 日

购买方	名　称：宏达公司 纳税人识别号：350101260750588 地 址、电 话：仓山区先锋路 50 号 88346135 开户行及账号：工行仓办 36002186796					密码区	(略)	
货物或应税劳务、服务名称	规格型号	单位	数量	单价	金额	税率	税额	
A 材料		千克	4 000	5.00	20 000.00	17%	3 400.00	
合　计					¥20 000.00		¥3 400.00	
价税合计(大写)	⊗贰万叁仟肆佰元整				(小写) ¥23 400.00			
销售方	名　称：福州市兴旺有限公司 纳税人识别号：350101260750851 地 址、电 话：台江区 22 号 88034228 开户行及账号：中国银行台江支行 3623068032					备注	福州市兴旺有限公司 350101260750851 发票专用章	

第三联　发票联　购买方记账凭证

收款人：　　复核：　　开票人：李　宽　　销售方：(章)

(6) 4 日，从光华公司购入 B 材料 6 000 千克，单价 2 元，价款 12 000 元，增值税税额 2 040 元，款项未付。增值税专用发票如表 3-1-11 所示。

表 3-1-11

福建增值税专用发票

福建
发票联
国家税务总局监制

NO.35120036

开票日期：2015 年 12 月 4 日

购买方	名称：宏达公司 纳税人识别号：350101260750588 地址、电话：仓山区先锋路 50 号 88346135 开户行及账号：工行仓办 36002186796			密码区	(略)		
货物或应税劳务、服务名称	规格型号	单位	数量	单价	金额	税率	税额
B 材料		千克	6 000	2.00	12 000.00	17%	2 040.00
合　计					¥12 000.00		¥2 040.00
价税合计(大写)	⊗壹万肆仟零肆元整				(小写) ¥14 040.00		
销售方	名称：福州市光华有限公司 纳税人识别号：350101260750863 地址、电话：涵江区后宫村 5 号 7791325 开户行及账号：中国银行涵江支行 3623067741			备注	福州市光华有限公司 350101260750863 发票专用章		

第三联 发票联 购买方记账凭证

收款人：　　复核：　　开票人：赵小薇　　销售方：(章)

(7) 5 日，4 日购买的 A、B 材料全部验收入库。收料单如表 3-1-12 所示。

表 3-1-12

收　料　单

供货单位：兴旺公司、光华公司　　凭证编号：1201

发票编号：0012483508　　2015 年 12 月 5 日　　收料仓库：材料库

材料类别	编号	名称及规格	计量单位	数量		金额									备注
							总价								
				应收	实收	单价	十	万	千	百	十	元	角	分	
原材料		A 材料		4 000	4 000	5		2	0	0	0	0	0	0	
		B 材料		6 000	6 000	2		1	2	0	0	0	0	0	
合　计							¥	3	2	0	0	0	0	0	

财务联

部门主管：李　浩　　记账：李　梅　　验收：丁一平　　采购：陈　诚

面向『十二五』高职高专项目导向式教改教材·财经系列

(8) 6日，以银行存款支付亿万广告公司广告宣传费2 000元。发票如表3-1-13所示，转账支票存根如表3-1-14所示。

表3-1-13

福建省国家税务局通用机打发票

福州市

发 票 联

发票代码 135011186052

发票号码 35502506

客户名称：宏达公司　　　　2015年12月6日

项 目 内 容	金 额						备 注
广 告 制 作	千	百	十	元	角	分	
	2	0	0	0	0	0	
合计人民币(大写) 贰仟元整	2	0	0	0	0	0	

收款单位名称：　　　　开票人：李 莉

表3-1-14

中国工商银行(闽)

转账支票存根

NO. 000202

附加信息

出票日期 2015年12月6日

收款人：	亿万公司
金 额：	¥2000.00
用 途：	支付广告费

单位主管　　　　会计：陈容然

(9) 6 日，陈佳报销差旅费 2 800 元，余款退回现金 200 元。差旅费报销单如表 3-1-15 所示。相关凭证如图 3-1-1、表 3-1-16 至表 3-1-18 所示。

表 3-1-15

差 旅 费 报 销 单

2015年 12月 6日

部门		办公室				出差人		陈佳		出差事由			会议培训		
起讫日期						地点		车船费		住宿费		补助费		其他	结账记录
月	日	时	月	日	时	起	讫	人数	金额	天数	金额	天数	伙食补助	金额	预借旅费：3000
12	2		12	5		福州	郑州	1	970	3	450	3	180	1200	共报销 2800
															退回预借旅费：200
															补给旅费：___
															附件张数：5
合　计									970		450		180	1200	
总计报销金额(大写)人民币贰仟捌佰元整												¥2800.00			

单位负责人：刘大成　　部门负责人：李　浩　　报销人：陈　健

图 3-1-1　火车票

表 3-1-16

河南省行政事业性收费专用票据

2015年 12月 2日　　NO.05752135

交款单位	宏达公司	收费许可证号									
收费项目名称	收费标准	金　额									备注
		百	十	万	千	百	十	元	角	分	
培训费	1200				1	2	0	0	0	0	
金额(大写)	壹仟贰佰元整			¥	1	2	0	0	0	0	

第二联　收据

收费单位：(印章)　　收款人：(章) 李　欣

表 3-1-17

河南省行政事业性收费专用票据

单位(姓名)陈佳　　2015年 12月 5日　　NO.43641606

起止时间	自 2015年 12月 2日至 2015年 12月 5日											共 3 天
项　目	楼房号				金额							备注
		天数	单价	人数	万	千	百	十	元	角	分	
住宿	3112	3	150	1			4	5	0	0	0	
金额(大写)	肆佰伍拾元整					¥	4	5	0	0	0	

第二联　收据

收费单位：(印章)　　收款人：(章) 陈　晓

表 3-1-18

宏达公司收据

今收到　陈佳					
人民币(大写)贰佰元整					
收款事由：报销余款					
会计	陈容然	出纳	张　娜	经手人	陈　健

面向『十二五』高职高专项目导向式教改教材·财经系列

(10) 7 日，生产车间为生产 I 号产品领用 A 材料 6 000 千克，单价 5 元；生产Ⅱ号产品领用 B 材料 7 000 千克，单价 2 元。领料单如表 3-1-19 和表 3-1-20 所示。

表 3-1-19

领　料　单

领料单位：一车间　　　　2015 年 12 月 7 日　　　　编号：1201

材料种类	材料编号	材料名称	规格	计量单位	数量		单价	金额								发料仓库
					请领数量	实发数量		十	万	千	百	十	元	角	分	
		A 材料		千克	6000	6000	5		3	0	0	0	0	0	0	材料库
合　计								¥	3	0	0	0	0	0	0	

二财务联

部门主管：李　浩　　　　记账：李　梅　　　　验收：王志强　　　　领料：张大伟

表 3-1-20

领　料　单

领料单位：二车间　　　　2015 年 12 月 7 日　　　　编号：1202

材料种类	材料编号	材料名称	规格	计量单位	数量		单价	金额								发料仓库
					请领数量	实发数量		十	万	千	百	十	元	角	分	
		B 材料		千克	7000	7000	2		1	4	0	0	0	0	0	材料库
合　计								¥	1	4	0	0	0	0	0	

二财务联

部门主管：李　浩　　　　记账：李　梅　　　　验收：王志强　　　　领料：张大伟

(11) 7 日，销售给腾达公司Ⅱ号产品 3 000 件，单价 10 元，价款 30 000 元，增值税税额 5 100 元，款项未收。增值税专用发票如表 3-1-21 所示。

表 3-1-21

福建增值税专用发票

福建
记 账 联
国家税务总局监制

开票日期：

购买方	名　　　称：腾达公司 纳税人识别号：350101260680758 地　址、电话：海沧区马青路 18 号 5560323 开户行及账号：交通银行福州杨桥支行 35100821001801003493	密码区	（略）					第一联　记账联　销货方记账凭证

货物或应税劳务、服务名称	规格型号	单位	数量	单价	金额	税率	税额
Ⅱ号产品		件	3000	10	30 000.00	17%	5 100.00
合　计					¥ 30 000.00		¥ 5 100.00

价税合计(大写)	⊗叁万伍仟壹佰元整	（小写）　¥ 35 100.00

销售方	名　　　称：宏达公司 纳税人识别号：350101260750588 地　址、电话：仓山区先锋路 50 号 88346135 开户行及账号：工行仓办 36002186796	备注	宏达公司 35010260750588 发票专用章

收款人：　　　复核：　　　开票人： 李 梅　　　销售方：(章)

(12) 7 日，销售给永兴公司Ⅰ号产品 2 500 件，单价 20 元，价款 50 000 元，增值税税额 8 500 元，款项存入银行。进账单如表 3-1-22 所示，增值税专用发票如表 3-1-23 所示。

表 3-1-22

中国工商银行　进账单(收账通知)

2015 年 12 月 3 日

出票人	全　　　称	永兴公司	收款人	全　　　称	宏达公司										
	账　　　号	18759800213		账　　　号	36002186796										
	开户银行	工行晋办		开户银行	工行仓办										
金额	人民币 (大写)	伍万捌仟伍佰元整			亿	千	百	十	万	千	百	十	元	角	分
								¥	5	8	5	0	0	0	0

票据种类	支票	票据张数	1
票据号码		30567123	

备注：

工行仓办

转讫
开户行签章

复核　　　记账

此联是收款人开户银行交给收款人的收账通知不作为提货依据

表 3-1-23

福建增值税专用发票

全国统一发票监制章　福建　国家税务总局监制

记 账 联

开票日期：2015 年 12 月 7 日

购买方	名　　称：永兴公司 纳税人识别号：350101260680553 地 址、电 话：集美区杏林村 26 号 5521668 开户行及账号：工商银行集美支行 18759800213			密码区	(略)		
货物或应税劳务、服务名称	规格型号	单位	数量	单价	金额	税率	税额
Ⅰ号产品		件	2 500	00	50 000.00	17%	8 500.00
合　计					¥50 000.00		¥8 500.00
价税合计(大写)	⊗伍万捌仟伍佰元整				(小写) ¥58 500.00		
销售方	名　　称：宏达公司 纳税人识别号：350101260750588 地 址、电 话：仓山区先锋路 50 号 88346135 开户行及账号：工行仓办 36002186796			备注	宏达公司 35010260750588 发票专用章		

第一联　记账联　销售方记账凭证

收款人：　　　复核：　　　开票人：李　梅　　　销售方：(章)

(13) 7 日，结转已销售Ⅰ号、Ⅱ号产品的销售成本。出库单如表 3-1-24 所示。

表 3-1-24

出　库　单

单位：宏达公司　　　　*2015* 年 *12* 月 *7* 日　　　　字第 *12001* 号

品　名	单位	数量	单价	金额 十	万	千	百	十	元	角	分	用　途
Ⅰ号产品	千克	*2500*	*15*		*3*	*7*	*5*	*0*	*0*	*0*	*0*	销售
Ⅱ号产品	千克	*3000*	*6*		*1*	*8*	*0*	*0*	*0*	*0*	*0*	销售
合　计				¥	*5*	*5*	*5*	*0*	*0*	*0*	*0*	

附单据　　张

部门主管：李　浩　　　记账：李　梅　　　验收：王志强　　　领料：王志强

(14) 8 日，永兴公司的商业汇票到期，收到转账支票一张，金额 20 000 元，已办妥进账手续。进账单如表 3-1-25 所示。

表 3-1-25

中国工商银行　进账单(收账通知)

2015 年 12 月 8 日

出票人	全　　称	永兴公司		收款人	全　　称	宏达公司									
	账　　号	36002186796			账　　号	18759800213									
	开户银行	工行仓办			开户银行	工行晋办									
金额	人民币(大写)	贰万元整			亿	千	百	十	万	千	百	十	元	角	分
								¥	5	8	5	0	0	0	0
票据种类	转账支票	票据张数	1												
票据号码					工行仓办　　转讫　　开户行签章										
备注：															
复核　　　　　记账															

此联是收款人开户银行交给收款人的收账通知不作为提货依据

(15) 10 日，从银行提取现金 50 000 元，备发工资。现金支票存根如表 3-1-26 所示。

表 3-1-26

中国工商银行(闽)
现金支票存根
NO. 0002031

附加信息

出票日期 2015 年 12 月 10 日

收款人：宏达公司

金　额：¥50 000.00

用　途：备发工资

单位主管　　会计：陈容然

面向『十二五』高职高专项目导向式教改教材・财经系列

(16) 10 日，以现金 50 000 元发放职工工资。工资结算汇总表如表 3-1-27 所示。

表 3-1-27

工 资 结 算 汇 总 表

2015年 12月 10日

车间部门	人员类别	应发工资						代扣款项			实发工资
		计时工资	计件工资	奖金	津贴		应发工资	房租		合计	
基本生产车间	I 号品生产工人						25 000				25 000
	II 号品生产工人		(略)				15 000				15 000
	管理人员						4 000				4 000
企业管理人员							6 000				6 000
合　计							50 000				50 000

制表人：李　梅

(17) 10 日，缴纳上月应交增值税、城市维护建设税及教育费附加。电子缴税(费)凭证如表 3-1-28、表 3-1-29 和表 3-1-30 所示。

表 3-1-28

福建省税库行横向联网电子缴税(费)凭证

征收机关：福州市仓山国税				
收款国库：仓山区国库		填发日期：20151210		电子缴税号：
纳税人识别码(电脑编码)		纳税人账户：宏达公司		
纳税人名称：宏达公司		纳税人账号：36002186796		
缴款书限缴期：20151210		纳税人开户银行：中国工商银行福州分行		
缴款书销号	预算科目	级次	金额	税种税目
××××××××	×××××		13 260	增值税
纳税金额：壹万叁仟贰佰陆拾零元零角零分			小写：¥13 260	
上列款项已划缴。扣款日期：20151210		税款所属期：20151101—20151130		
工行仓办 转讫				
银行盖章：		经办：		

打印次数：1　　　　打印日期：2015.12.12

备注：1. 该凭证一式二联，一联为商业银行的付款凭证，一联为纳税人回单。

2. 划缴国税机关征收款项时打印纳税人识别码，划缴地税机关征收款项时打印纳税人电脑编码。

面向『十二五』高职高专项目导向式教改教材·财经系列

表 3-1-29

福建省税库行横向联网电子缴税(费)凭证

征收机关：福州市仓山地税				
收款国库：仓山区国库	填发日期：20151210		电子缴税号：	
纳税人识别码(电脑编码)	纳税人账户：宏达公司			
纳税人名称：宏达公司	纳税人账号：36002186796			
缴款书限缴期：2×151210	纳税人开户银行：中国工商银行福州分行			
缴款书销号	预算科目	级次	金额	税种税目
××××××××	×××××		928.2	城建税
纳税金额：玖佰贰拾捌元贰角零分			小写：¥928.2	
上列款项已划缴。扣款日期：20151210	税款所属期：20151101—20151130			
工行仓办 转讫				
银行盖章：	经办：			

打印次数：1　　　　　　　　　　　　　　　　　　　　打印日期：2015.12.12

备注：1. 该凭证一式二联，一联为商业银行的付款凭证，一联为纳税人回单。

　　　2. 划缴国税机关征收款项时打印纳税人识别码，划缴地税机关征收款项时打印纳税人电脑编码。

- ✂

表 3-1-30

福建省税库行横向联网电子缴税(费)凭证

征收机关：福州市仓山地税				
收款国库：仓山区国库	填发日期：20151210		电子缴税号：	
纳税人识别码(电脑编码)	纳税人账户：宏达公司			
纳税人名称：宏达公司	纳税人账号：36002186796			
缴款书限缴期：20151210	纳税人开户银行：中国工商银行福州分行			
缴款书销号	预算科目	级次	金额	税种税目
××××××××	×××××		397.8	教育费附加
纳税金额：叁佰玖拾柒元捌角零分			小写：¥397.8	
上列款项已划缴，扣款日期：20151210	税款所属期：20151101—20151130			
工行仓办 转讫				
银行盖章：	经办：			

打印次数：1　　　　　　　　　　　　　　　　　　　　打印日期：2015.12.12

备注：1. 该凭证一式二联，一联为商业银行的付款凭证，一联为纳税人回单。

　　　2. 划缴国税机关征收款项时打印纳税人识别码，划缴地税机关征收款项时打印纳税人电脑编码。

(18) 14 日，接到银行通知，偿还前欠光华公司货款 15 000 元。委托收款凭证如表 3-1-31 所示。

表 3-1-31

委 托 收 款 凭 证(付款通知)

委托日期：2015年 12月 10日　　　　付款期限 2015年 12月 20日

付款人	全　称	宏达公司				收款人	全　称	光华公司					
	账　号	36002186796					账　号	160028876492					
	开户银行	工行仓办					开户银行	中国银行					
委托金额	人民币(大写) 壹万伍仟元整		千	百	十	万	千	百	十	元	角	分	
					¥	1	5	0	0	0	0	0	
款项内容		委托收款凭据名称				附寄单证张数							
备注	工行仓办 转讫		上列款项： 1. 已全部划回收入你方账户。 2. 已收回部分款项收入你方账户。 3. 全部未收到。 收款人开户行盖章										

此联付款人开户行在款项付妥后给付款人的付账通知

单位主管　　会计　　复核　　记账　　付款人开户行收到日期 2015年 12月 10日

支付日期 2015年 12月 11日

(19) 16 日，以银行存款支付众诚公司包装物押金 600 元。转账支票存根如表 3-1-32 所示。

表 3-1-32

中国工商银行(闽) 转账支票存根 NO. 0002030
附加信息
出票日期 2015年 12月 16日
收款人：众诚公司
金　额：¥600.00
用　途：押金
单位主管　　会计：陈容然

(20) 18 日，向红星公司发出 I 号产品 1 000 千克、II 号产品 1 500 千克，冲销前已预收款项 10 000 元，余款收到转账支票一张，存入银行。进账单如表 3-1-33 所示，增值税专用发票如表 3-1-34 所示。

表 3-1-33

中国工商银行　进账单(收账通知)

2015 年 12 月 18 日

出票人	全　称	红星公司	收款人	全　称	宏达公司										
	账　号	36002186796		账　号	225368700478										
	开户银行	工行仓办		开户银行	工行晋办										
金额	人民币(大写)	叁万零玖佰伍拾元整			亿	千	百	十	万	千	百	十	元	角	分
								¥	3	0	9	5	0	0	0
票据种类	转账支票	票据张数	1												
票据号码					工行晋办 转讫 开户行签章										
备注：															
	复核		记账												

此联是收款人的收账通知不作为提货依据，收款人开户银行交给收款

表 3-1-34

福建增值税专用发票

福建
记　账　联
国家税务总局监制

开票日期：2015 年 12 月 7 日

购买方	名　　称：红星公司 纳税人识别号：350100717858428 地址、电话：晋安区长乐路 6 号 88084498 开户行及账号：工商银行晋安支行 225368700478	密码区	(略)				
货物或应税劳务、服务名称	规格型号	单位	数量	单价	金额	税率	税额
I 号产品		件	1 000	20	20 000.00	17%	3 400.00
II 号产品			1 500	10	15 000.00		2 550.00
合　计					¥ 350 000.00		¥5 950.00
价税合计(大写)	⊗肆万零玖佰伍拾元整				(小写)　¥ 40 950.00		
销售方	名　　称：宏达公司 纳税人识别号：350101260750588 地址、电话：仓山区先锋路 50 号 88346135 开户行及账号：工行仓办 36002186796	备注	宏达公司 35010260750588 发票专用章				

收款人：　　　　复核：　　　　开票人：李 梅　　　　销售方：(章)

面向「十二五」高职高专项目导向式教改教材·财经系列

(21) 18 日，结转已销售Ⅰ号、Ⅱ号产品的销售成本。出库单如表 3-1-35 所示。

表 3-1-35

出　库　单

单位：宏达公司　　　　　　　　　　2015 年 12 月 16 日　　　　　　　　　字 12002 号

品　名	单位	数量	单价	金　额								用　途	
				十	万	千	百	十	元	角	分		附单据
Ⅰ号产品	千克	1000	15		1	5	0	0	0	0	0	销售	
Ⅱ号产品	千克	1500	6			9	0	0	0	0	0	销售	张
合　计				¥	2	4	0	0	0	0	0		

部门主管：李　浩　　　记账：李　梅　　　验收：王志强　　　领料：王志强

- ✂

(22) 20 日，以银行存款支付本月电话费 2 500 元。转账支票存根如表 3-1-36 所示，电信专用收据如表 3-1-37 所示。

表 3-1-36

中国工商银行(闽)

转账支票存根

NO. 000204

附加信息

_____

_____

出票日期 2015 年 12 月 20 日

收款人：电信局
金　额：¥2500.00
用　途：电话费

单位主管　　　会计：陈容然

表 3-1-37

电信局专用收据

2015 年 12 月 25 日

电话号码	88346135	付款单位	宏达公司
交款明细项目	(略)		
实收金额	人民币(大写)贰仟伍佰元整	¥2500.00	

收款人：胡一歌

第二联 报销联

(23) 26 日，以现金支付职工生活困难补助 500 元。困难补助申请表如表 3-1-38 所示。

表 3-1-38

职工生活困难补助申请表

2015 年 12 月 26 日

姓名	李照	性别	男	年龄	57	现住址	仓山区上渡路60号	
全家人口	5 口	本人月工资收入	1600元	家属本月收入	1400元		月平均生活费	600元
申请补助详细理由			(略)			申请金额 500 元　(盖章)		
生活委员会批准意见		车间意见		班组意见		收到职工困难补助金		
同意		同意		同意		人民币(大写)伍佰元整　领取人：李照		

会计：陈容然　　出纳：张娜

(24) 30 日，接到银行通知，本季度实际借款利息 6 000 元已转账。其中，10 月、11 月已预提借款利息 4 000 元。利息计提表如表 3-1-39 所示，预提利息结转表如表 3-1-40 所示，贷款利息通知单如表 3-1-41 所示。

表 3-1-39

利 息 计 提 表

2015 年 12 月 30 日

子目或户名	摘　要	金　额
计提利息	本月银行借款利息	2000.00
合计金额(大写)人民币贰仟元整		¥:2000.00

制表人：李梅

表 3-1-40

预提利息结转表

2015 年 12 月 30 日

子目或户名	摘 要	金 额
利息	冲减 10 月、11 月两个月预提借款利息	4000.00
合计金额(大写)人民币肆仟元整		¥4000.00

制表人：李 梅

- ✂

表 3-1-41

中国工商银行贷款利息通知单(第一联：交款通知)

2015 年 12 月 30 日

存款	账 号		贷款种类	积数金额	利息(%)	利息金额
	户 名		固定资产贷款			
贷款	账 号		生产周转贷款			6000.00
	户 名					
利息金额合计人民币(大写)陆仟元整						¥6000.00
计息期 10—12 月		上列贷款利息已从贵单位存款账户如数支付，请即入账。				

经办人：李 冰

- ✂

(25) 31 日，计提本月固定资产折旧，其中，生产车间 15 000 元，管理部门 2 000 元。固定资产折旧计算表如表 3-1-42 所示。

表 3-1-42

固定资产折旧计算表

2015 年 12 月 31 日

固定资产	月初原值	月折旧率	月折旧额
生产用	2 500 000	0.6%	15 000
管理部门用	500 000	0.4%	2 000
合 计	3 000 000		17 000

会计主管： 复核：陈容然 制单：李 梅

(26) 31 日，分配本月职工工资。工资费用分配表见表 3-1-43 所示。

表 3-1-43

工资费用分配表

2015 年 12 月 31 日

应借科目		生产工人工资额分配			直接工资	合　计
		生产工时	分配率	分配金额		
生产成本	Ⅰ号产品				25 000	25 000
	Ⅱ号产品				15 000	15 000
制造费用					4 000	4 000
管理费用					6 000	6 000
合　计					50 000	50 000

会计主管：　　　　　　　　　复核：陈容然　　　　　　　　制单：李　梅

(27) 31 日，按工资总额的 14%提取职工福利费 7 000 元。职工福利费计提表如表 3-1-44 所示。

表 3-1-44

职工福利费计提表

2015 年 12 月 31 日

应借科目		计提基数	计提比例	计提金额
生产成本	Ⅰ号产品			
	Ⅱ号产品			
制造费用				
管理费用				
合　计				

会计主管：　　　　　　　　　复核：陈容然　　　　　　　　制单：李　梅

(28) 31 日，月末将本月发生的制造费用按Ⅰ号、Ⅱ号产品工资标准分配转入生产成本。制造费用分配表如表 3-1-45 所示。

表 3-1-45

制造费用分配表

2015 年 12 月 31 日

产品名称	分配标准	分配率	分配金额
Ⅰ号产品			
Ⅱ号产品			
合　计			

会计主管：　　　　　　　　　复核：陈容然　　　　　　　　制单：李　梅

(29) 31 日，4 800 千克 I 号产品全部完工入库，6 250 千克Ⅱ号产品完工入库。Ⅱ号产品月末在产品成本按年初固定成本计价法结转完工产品生产成本。产品成本计算单如表 3-1-46 和表 3-1-47，产品入库单如表 3-1-48 所示。

表 3-1-46

产品成本计算单

产品名称：I 号产品　　2015 年 12 月 31 日　　完工数量：4 800 千克

项　目	直接材料	直接人工	制造费用	合　计
期初在产品成本				
本月发生额				
合　　计				
完工产品成本				
单位成本				
期末在产品成本				

会计主管：　　复核：陈容然　　制单：李　梅

表 3-1-47

产品成本计算单

产品名称：Ⅱ号产品　　2015 年 12 月 31 日　　完工数量：6 250 千克

项　目	直接材料	直接人工	制造费用	合　计
期初在产品成本				
本月发生额				
合　　计				
完工产品成本				
单位成本				
期末在产品成本				

会计主管：　　复核：陈容然　　制单：李　梅

表 3-1-48

产成品入库单

2015 年 12 月 31 日　　编号：*12001*

类别	编号	名称	规格	单位	数量		价格									附注
					应收	实收	单价	总价								
								十	万	千	百	十	元	角	分	
成品	*1001*	*I号*		千克												
	1002	*Ⅱ号*		千克												
合　计																

会计主管：　　复核：陈容然　　制单：李　梅

(30) 31 日，计算本月应缴纳增值税 14 110 元，分别按 7%和 3%计算应缴纳的城市维护建设税和教育费附加。城市维护建设税及教育费附加计算表如表 3-1-49 所示。

表 3-1-49

城市维护建设税和教育费附加计算表

2015 年 12 月 31 日

计税依据	城市维护建设税		教育费附加	
	税率%	金额/元	税率%	金额/元
14110	7		3	
合　计				

会计主管：　　　　　　　复核：陈容然　　　　　　制单：李梅

(31) 31 日，将本月损益类账户余额转入本年利润账户。损益类账户余额表如表 3-1-50 所示。

表 3-1-50

损益类账户余额表

2015 年 12 月

科　目	金　额		科　目	金　额	
主营业务收入	Ⅰ号产品		主营业务成本	Ⅰ号产品	
	Ⅱ号产品			Ⅱ号产品	
			营业税金及附加		
			销售费用		
			管理费用		
			财务费用		
合　计			合　计		

会计主管：　　　　　　　复核：陈容然　　　　　　制单：李梅

(32) 31 日，按本月实现利润总额的 25%计算并结转本月应交所得税。所得税计算表如表 3-1-51 所示。

表 3-1-51

所得税计算表

2015 年 12 月

税前利润	调整金额	应纳税所得额	所得税税率	应交所得税
	无			

会计主管：　　　　　　　复核：陈容然　　　　　　制单：李梅

(33) 31 日，按净利润的 10%提取本月的盈余公积金，公司决定将全年税后利润 80 000 元按 1：3 投资比例分配给投资者。利润分配计算表如表 3-1-52 所示。

表 3-1-52

利润分配计算表

2015 年 12 月

项　目	金　额	项　目		提取比例	金　额
本月税后利润		盈余公积			
实际分配利润		应付利润	国家利润	25%	
			新华公司利润	75%	

会计主管：　　　　　　　　复核：陈容然　　　　　　　　制单：李　梅

(34) 31 日，结转本年利润至"利润分配——未分配利润"账户。本年利润结转表如表 3-1-53 所示。

表 3-1-53

本年利润结转表

2015 年 12 月 31 日

应借科目	应贷科目	金　额
本年利润	利润分配——未分配利润	

会计主管：　　　　　　　　复核：陈容然　　　　　　　　制单：李　梅

(35) 结转利润分配有关明细分类账户至"利润分配——未分配利润"账户。利润分配结转表如表 3-1-54 所示。

表 3-1-54

利润分配结转表

2015 年 12 月 31 日

应借科目	应贷科目	金　额
利润分配——未分配利润		
	利润分配——提取盈余公积	
	利润分配——应付利润	

会计主管：　　　　　　　　复核：陈容然　　　　　　　　制单：李　梅

三、实训要求

(1) 采用记账凭证核算程序进行账务处理,具体要求如下。记账凭证核算程序如图 3-1-2 所示。

① 根据原始凭证编制记账凭证，记账凭证如表 3-1-55～表 3-1-92 所示。

② 开设并根据记账凭证逐笔登记现金日记账和银行存款日记账，日记账如表 3-1-93、表 3-1-94 所示。

面向"十二五"高职高专项目导向式教改教材·财经系列

③ 开设并根据记账凭证及所附的原始凭证登记各种明细分类账，明细账如表 3-1-95～表 3-1-113 所示。

④ 开设并根据记账凭证登记总分类账，总账如表 3-1-114～表 3-1-147。

⑤ 编制总分类账户本期发生额及余额试算平衡表，试算平衡后再进行正式结账，试算平衡表如表 3-1-148 所示。提示：对总分类账户先用铅笔结出本期发生额及余额，然后根据各账户本期发生额及余额编制该表并进行试算平衡，试算平衡后再进行正式结账。

⑥ 将现金日记账、银行存款日记账、明细分类账分别与总分类账核对。

⑦ 根据总账及明细账编制资产负债表和利润表，如表 3-1-149、表 3-1-150 所示。

(2) 采用科目汇总表核算程序进行账务处理，具体要求如下。科目汇总表核算程序如图 3-1-3 所示。

① 根据要求(1)编制的记账凭证编制科目汇总表。科目汇总表如表 3-1-151、表 3-1-152、表 3-1-153 所示。

② 开设并根据科目汇总表登记总分类账，并按要求结账。总分类账账页如表 3-1-154～表 3-1-187 所示。

③ 整理、装订凭证、账簿和报表，并撰写实习心得。

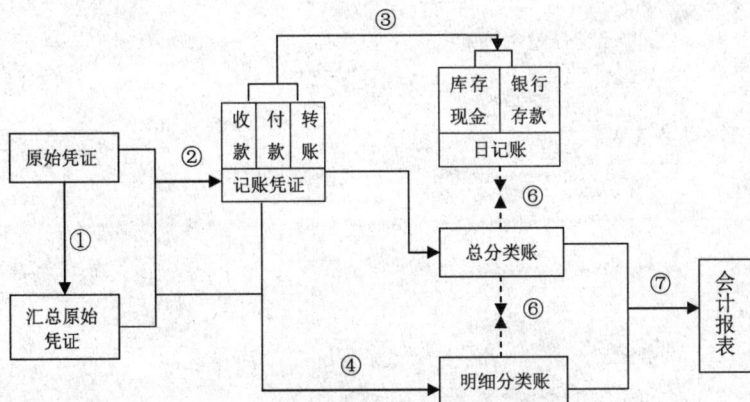

图 3-1-2　记账凭证账务处理程序

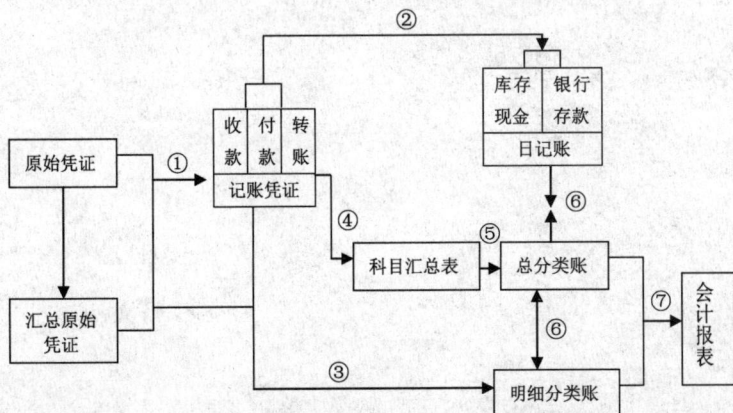

图 3-1-3　科目汇总表账务处理程序

表 3-1-55

记 账 凭 证

年　月　日　　　　　　　　　　编号

摘　要	会计科目		记	借方金额										贷方金额									
	总账科目	明细科目	账	千	百	十	万	千	百	十	元	角	分	千	百	十	万	千	百	十	元	角	分
附件　张	合　计																						

会计主管：　　　　记账：　　　　出纳：　　　　审核：　　　　制单：

表 3-1-56

记 账 凭 证

年　月　日　　　　　　　　　　编号

摘　要	会计科目		记	借方金额										贷方金额									
	总账科目	明细科目	账	千	百	十	万	千	百	十	元	角	分	千	百	十	万	千	百	十	元	角	分
附件　张	合　计																						

会计主管：　　　　记账：　　　　出纳：　　　　审核：　　　　制单：

表 3-1-57

记 账 凭 证

年　月　日　　　　　　　　　　编号

摘　要	会计科目		记	借方金额										贷方金额									
	总账科目	明细科目	账	千	百	十	万	千	百	十	元	角	分	千	百	十	万	千	百	十	元	角	分
附件　张	合　计																						

会计主管：　　　　记账：　　　　出纳：　　　　审核：　　　　制单：

表 3-1-58

记 账 凭 证

年　月　日　　　　　　　　　　　　编号

摘　要	会计科目		记	借方金额										贷方金额									
	总账科目	明细科目	账	千	百	十	万	千	百	十	元	角	分	千	百	十	万	千	百	十	元	角	分
附件　张	合　计																						

会计主管：　　　　记账：　　　　出纳：　　　　审核：　　　　制单：

表 3-1-59

记 账 凭 证

年　月　日　　　　　　　　　　　　编号

摘　要	会计科目		记	借方金额										贷方金额									
	总账科目	明细科目	账	千	百	十	万	千	百	十	元	角	分	千	百	十	万	千	百	十	元	角	分
附件　张	合　计																						

会计主管：　　　　记账：　　　　出纳：　　　　审核：　　　　制单：

表 3-1-60

记 账 凭 证

年　月　日　　　　　　　　　　　　编号

摘　要	会计科目		记	借方金额										贷方金额									
	总账科目	明细科目	账	千	百	十	万	千	百	十	元	角	分	千	百	十	万	千	百	十	元	角	分
附件　张	合　计																						

会计主管：　　　　记账：　　　　出纳：　　　　审核：　　　　制单：

面向『十二五』高职高专项目导向式教改教材·财经系列

表 3-1-61

记 账 凭 证

年 月 日　　　　　　　　　　　　　编号

摘　要	会计科目		记账	借方金额										贷方金额									
	总账科目	明细科目		千	百	十	万	千	百	十	元	角	分	千	百	十	万	千	百	十	元	角	分
附件　张	合　计																						

会计主管：　　　记账：　　　出纳：　　　审核：　　　制单：

表 3-1-62

记 账 凭 证

年 月 日　　　　　　　　　　　　　编号

摘　要	会计科目		记账	借方金额										贷方金额									
	总账科目	明细科目		千	百	十	万	千	百	十	元	角	分	千	百	十	万	千	百	十	元	角	分
附件　张	合　计																						

会计主管：　　　记账：　　　出纳：　　　审核：　　　制单：

表 3-1-63

记 账 凭 证

年 月 日　　　　　　　　　　　　　编号

摘　要	会计科目		记账	借方金额										贷方金额									
	总账科目	明细科目		千	百	十	万	千	百	十	元	角	分	千	百	十	万	千	百	十	元	角	分
附件　张	合　计																						

会计主管：　　　记账：　　　出纳：　　　审核：　　　制单：

<cite/>项目三 基础会计综合模拟实训

表 3-1-64

记 账 凭 证

年 月 日　　　　　　　　　　　编号

摘 要	会计科目		记账	借方金额										贷方金额									
	总账科目	明细科目		千	百	十	万	千	百	十	元	角	分	千	百	十	万	千	百	十	元	角	分
附件 张	合 计																						

会计主管：　　　记账：　　　出纳：　　　审核：　　　制单：

✂- -

表 3-1-65

记 账 凭 证

年 月 日　　　　　　　　　　　编号

摘 要	会计科目		记账	借方金额										贷方金额									
	总账科目	明细科目		千	百	十	万	千	百	十	元	角	分	千	百	十	万	千	百	十	元	角	分
附件 张	合 计																						

会计主管：　　　记账：　　　出纳：　　　审核：　　　制单：

✂- -

表 3-1-66

记 账 凭 证

年 月 日　　　　　　　　　　　编号

摘 要	会计科目		记账	借方金额										贷方金额									
	总账科目	明细科目		千	百	十	万	千	百	十	元	角	分	千	百	十	万	千	百	十	元	角	分
附件 张	合 计																						

会计主管：　　　记账：　　　出纳：　　　审核：　　　制单：

<cite/>面向"十二五"高职高专项目导向式教改教材·财经系列

179

表 3-1-67

记 账 凭 证

年　月　日　　　　　　　　　　　　　编号

摘　要	会计科目		记账	借方金额										贷方金额									
	总账科目	明细科目		千	百	十	万	千	百	十	元	角	分	千	百	十	万	千	百	十	元	角	分
附件　张	合　计																						

会计主管：　　　　　记账：　　　　　出纳：　　　　　审核：　　　　　制单：

- ✂

表 3-1-68

记 账 凭 证

年　月　日　　　　　　　　　　　　　编号

摘　要	会计科目		记账	借方金额										贷方金额									
	总账科目	明细科目		千	百	十	万	千	百	十	元	角	分	千	百	十	万	千	百	十	元	角	分
附件　张	合　计																						

会计主管：　　　　　记账：　　　　　出纳：　　　　　审核：　　　　　制单：

- ✂

表 3-1-69

记 账 凭 证

年　月　日　　　　　　　　　　　　　编号

摘　要	会计科目		记账	借方金额										贷方金额									
	总账科目	明细科目		千	百	十	万	千	百	十	元	角	分	千	百	十	万	千	百	十	元	角	分
附件　张	合　计																						

会计主管：　　　　　记账：　　　　　出纳：　　　　　审核：　　　　　制单：

面向『十二五』高职高专项目导向式教改教材·财经系列

表 3-1-70

记 账 凭 证

年　月　日　　　　　　　　　　　　　　　　编号

摘　要	会计科目		记账	借方金额										贷方金额									
	总账科目	明细科目		千	百	十	万	千	百	十	元	角	分	千	百	十	万	千	百	十	元	角	分
附件　张	合　计																						

会计主管：　　　　记账：　　　　　出纳：　　　　　审核：　　　　　制单：

- ✂

表 3-1-71

记 账 凭 证

年　月　日　　　　　　　　　　　　　　　　编号

摘　要	会计科目		记账	借方金额										贷方金额									
	总账科目	明细科目		千	百	十	万	千	百	十	元	角	分	千	百	十	万	千	百	十	元	角	分
附件　张	合　计																						

会计主管：　　　　记账：　　　　　出纳：　　　　　审核：　　　　　制单：

- ✂

表 3-1-72

记 账 凭 证

年　月　日　　　　　　　　　　　　　　　　编号

摘　要	会计科目		记账	借方金额										贷方金额									
	总账科目	明细科目		千	百	十	万	千	百	十	元	角	分	千	百	十	万	千	百	十	元	角	分
附件　张	合　计																						

会计主管：　　　　记账：　　　　　出纳：　　　　　审核：　　　　　制单：

表 3-1-73

记 账 凭 证

年　月　日　　　　　　　　　　编号

摘　要	会计科目		记	借方金额										贷方金额									
	总账科目	明细科目	账	千	百	十	万	千	百	十	元	角	分	千	百	十	万	千	百	十	元	角	分
附件　张	合　计																						

会计主管：　　　记账：　　　出纳：　　　审核：　　　制单：

表 3-1-74

记 账 凭 证

年　月　日　　　　　　　　　　编号

摘　要	会计科目		记	借方金额										贷方金额									
	总账科目	明细科目	账	千	百	十	万	千	百	十	元	角	分	千	百	十	万	千	百	十	元	角	分
附件　张	合　计																						

会计主管：　　　记账：　　　出纳：　　　审核：　　　制单：

表 3-1-75

记 账 凭 证

年　月　日　　　　　　　　　　编号

摘　要	会计科目		记	借方金额										贷方金额									
	总账科目	明细科目	账	千	百	十	万	千	百	十	元	角	分	千	百	十	万	千	百	十	元	角	分
附件　张	合　计																						

会计主管：　　　记账：　　　出纳：　　　审核：　　　制单：

面向『十二五』高职高专项目导向式教改教材·财经系列

表 3-1-76

记 账 凭 证

年　月　日　　　　　　　　　　　　编号

摘要	会计科目		记账	借方金额										贷方金额									
	总账科目	明细科目		千	百	十	万	千	百	十	元	角	分	千	百	十	万	千	百	十	元	角	分
附件　张	合　计																						

会计主管：　　　　记账：　　　　出纳：　　　　审核：　　　　制单：

✂

表 3-1-77

记 账 凭 证

年　月　日　　　　　　　　　　　　编号

摘要	会计科目		记账	借方金额										贷方金额									
	总账科目	明细科目		千	百	十	万	千	百	十	元	角	分	千	百	十	万	千	百	十	元	角	分
附件　张	合　计																						

会计主管：　　　　记账：　　　　出纳：　　　　审核：　　　　制单：

✂

表 3-1-78

记 账 凭 证

年　月　日　　　　　　　　　　　　编号

摘要	会计科目		记账	借方金额										贷方金额									
	总账科目	明细科目		千	百	十	万	千	百	十	元	角	分	千	百	十	万	千	百	十	元	角	分
附件　张	合　计																						

会计主管：　　　　记账：　　　　出纳：　　　　审核：　　　　制单：

面向『十二五』高职高专项目导向式教改教材·财经系列

表 3-1-79

记 账 凭 证

年　月　日　　　　　　　　　　　编号

摘　要	会计科目		记账	借方金额										贷方金额									
	总账科目	明细科目		千	百	十	万	千	百	十	元	角	分	千	百	十	万	千	百	十	元	角	分
附件　张	合　计																						

会计主管：　　　　记账：　　　　出纳：　　　　审核：　　　　制单：

✂

表 3-1-80

记 账 凭 证

年　月　日　　　　　　　　　　　编号

摘　要	会计科目		记账	借方金额										贷方金额									
	总账科目	明细科目		千	百	十	万	千	百	十	元	角	分	千	百	十	万	千	百	十	元	角	分
附件　张	合　计																						

会计主管：　　　　记账：　　　　出纳：　　　　审核：　　　　制单：

✂

表 3-1-81

记 账 凭 证

年　月　日　　　　　　　　　　　编号

摘　要	会计科目		记账	借方金额										贷方金额									
	总账科目	明细科目		千	百	十	万	千	百	十	元	角	分	千	百	十	万	千	百	十	元	角	分
附件　张	合　计																						

会计主管：　　　　记账：　　　　出纳：　　　　审核：　　　　制单：

表 3-1-82

记 账 凭 证

年　月　日　　　　　　　　　　　　编号

摘　要	会计科目		记	借方金额										贷方金额									
	总账科目	明细科目	账	千	百	十	万	千	百	十	元	角	分	千	百	十	万	千	百	十	元	角	分
附件　张	合　计																						

会计主管：　　　记账：　　　出纳：　　　审核：　　　制单：

表 3-1-83

记 账 凭 证

年　月　日　　　　　　　　　　　　编号

摘　要	会计科目		记	借方金额										贷方金额									
	总账科目	明细科目	账	千	百	十	万	千	百	十	元	角	分	千	百	十	万	千	百	十	元	角	分
附件　张	合　计																						

会计主管：　　　记账：　　　出纳：　　　审核：　　　制单：

表 3-1-84

记 账 凭 证

年　月　日　　　　　　　　　　　　编号

摘　要	会计科目		记	借方金额										贷方金额									
	总账科目	明细科目	账	千	百	十	万	千	百	十	元	角	分	千	百	十	万	千	百	十	元	角	分
附件　张	合　计																						

会计主管：　　　记账：　　　出纳：　　　审核：　　　制单：

面向『十二五』高职高专项目导向式教改教材·财经系列

表 3-1-85

记 账 凭 证

年　月　日　　　　　　　　　　编号

摘　要	会计科目		记	借方金额										贷方金额									
	总账科目	明细科目	账	千	百	十	万	千	百	十	元	角	分	千	百	十	万	千	百	十	元	角	分
附件　张	合　计																						

会计主管：　　　记账：　　　出纳：　　　审核：　　　制单：

表 3-1-86

记 账 凭 证

年　月　日　　　　　　　　　　编号

摘　要	会计科目		记	借方金额										贷方金额									
	总账科目	明细科目	账	千	百	十	万	千	百	十	元	角	分	千	百	十	万	千	百	十	元	角	分
附件　张	合　计																						

会计主管：　　　记账：　　　出纳：　　　审核：　　　制单：

表 3-1-87

记 账 凭 证

年　月　日　　　　　　　　　　编号

摘　要	会计科目		记	借方金额										贷方金额									
	总账科目	明细科目	账	千	百	十	万	千	百	十	元	角	分	千	百	十	万	千	百	十	元	角	分
附件　张	合　计																						

会计主管：　　　记账：　　　出纳：　　　审核：　　　制单：

表 3-1-88

记 账 凭 证

年　月　日　　　　　　　　　　　编号

摘　要	会计科目		记账	借方金额										贷方金额									
	总账科目	明细科目		千	百	十	万	千	百	十	元	角	分	千	百	十	万	千	百	十	元	角	分
附件　张	合　计																						

会计主管：　　　记账：　　　　　出纳：　　　　　审核：　　　　　制单：

- ✂

表 3-1-89

记 账 凭 证

年　月　日　　　　　　　　　　　编号

摘　要	会计科目		记账	借方金额										贷方金额									
	总账科目	明细科目		千	百	十	万	千	百	十	元	角	分	千	百	十	万	千	百	十	元	角	分
附件　张	合　计																						

会计主管：　　　记账：　　　　　出纳：　　　　　审核：　　　　　制单：

- ✂

表 3-1-90

记 账 凭 证

年　月　日　　　　　　　　　　　编号

摘　要	会计科目		记账	借方金额										贷方金额									
	总账科目	明细科目		千	百	十	万	千	百	十	元	角	分	千	百	十	万	千	百	十	元	角	分
附件　张	合　计																						

会计主管：　　　记账：　　　　　出纳：　　　　　审核：　　　　　制单：

表 3-1-91

记 账 凭 证

年　月　日　　　　　　　　　　　　编号

摘　要	会计科目		记	借方金额										贷方金额									
	总账科目	明细科目	账	千	百	十	万	千	百	十	元	角	分	千	百	十	万	千	百	十	元	角	分
附件　张	合　计																						

会计主管：　　　　记账：　　　　出纳：　　　　审核：　　　　制单：

表 3-1-92

记 账 凭 证

年　月　日　　　　　　　　　　　　编号

摘　要	会计科目		记	借方金额										贷方金额									
	总账科目	明细科目	账	千	百	十	万	千	百	十	元	角	分	千	百	十	万	千	百	十	元	角	分
附件　张	合　计																						

会计主管：　　　　记账：　　　　出纳：　　　　审核：　　　　制单：

表 3-1-93

现 金 日 记 账

年		凭 证		摘　要	对方科目	借　方	贷　方	借或贷	余　额
月	日	种类	号数						

- ✂

表 3-1-94

银 行 存 款 日 记 账

年		凭 证		摘　要	对方科目	借　方	贷　方	借或贷	余　额
月	日	种类	号数						

表 3-1-95

应 收 账 款 明 细 账

二级明细科目：

三级明细科目：

年		凭 证		摘　要	对方科目	借　方	贷　方	借或贷	余　额
月	日	种类	号数						

表 3-1-96

应 收 账 款 明 细 账

二级明细科目：

三级明细科目：

年		凭 证		摘　要	对方科目	借　方	贷　方	借或贷	余　额
月	日	种类	号数						

表 3-1-97

应 收 票 据 明 细 账

二级明细科目：

三级明细科目：

年		凭 证		摘　要	对方科目	借　方	贷　方	借或贷	余　额
月	日	种类	号数						

表 3-1-98

其 他 应 收 款 明 细 账

二级明细科目：

三级明细科目：

年		凭 证		摘 要	对方科目	借 方	贷 方	借或贷	余 额
月	日	种类	号数						

表 3-1-99

其 他 应 收 款 明 细 账

二级明细科目：

三级明细科目：

年		凭 证		摘 要	对方科目	借 方	贷 方	借或贷	余 额
月	日	种类	号数						

表 3-1-100

其 他 应 收 款 明 细 账

二级明细科目：

三级明细科目：

年		凭 证		摘 要	对方科目	借 方	贷 方	借或贷	余 额
月	日	种类	号数						

表 3-1-101

原 材 料 明 细 账

编号_____　货名_____　计量单位_____　存放地点_____　最高存量_____　最低存量_____

年		凭证		摘要	对方科目	收入			发出			结存		
月	日	种类	号数			数量	单价	金额	数量	单价	金额	数量	单价	金额

表 3-1-102

原 材 料 明 细 账

编号_____　货名_____　计量单位_____　存放地点_____　最高存量_____　最低存量_____

年		凭证		摘要	对方科目	收入			发出			结存		
月	日	种类	号数			数量	单价	金额	数量	单价	金额	数量	单价	金额

表 3-1-103

库 存 商 品 明 细 账

编号_____　货名_____　计量单位_____　存放地点_____　最高存量_____　最低存量_____

年		凭证		摘要	对方科目	收入			发出			结存		
月	日	种类	号数			数量	单价	金额	数量	单价	金额	数量	单价	金额

表 3-1-104

库存商品明细账

编号_______ 货名_________ 计量单位_______ 存放地点_______ 最高存量_______ 最低存量_______

年		凭证		摘要	对方	收入			发出			结存		
月	日	种类	号数		科目	数量	单价	金额	数量	单价	金额	数量	单价	金额

表 3-1-105

生产成本明细账

编号_______ 货名_________ 计量单位_______ 存放地点_______ 最高存量_______ 最低存量_______

年		凭证		摘要	对方	收入			发出			结存		
月	日	种类	号数		科目	数量	单价	金额	数量	单价	金额	数量	单价	金额

表 3-1-106

生产成本明细账

编号_______ 货名_________ 计量单位_______ 存放地点_______ 最高存量_______ 最低存量_______

年		凭证		摘要	对方	收入			发出			结存		
月	日	种类	号数		科目	数量	单价	金额	数量	单价	金额	数量	单价	金额

面向『十二五』高职高专项目导向式教改教材·财经系列

表 3-1-107

应 付 账 款 明 细 账

二级明细科目：

三级明细科目：

年		凭 证		摘　要	对方科目	借　方	贷　方	借或贷	余　额
月	日	种类	号数						

表 3-1-108

应 付 账 款 明 细 账

二级明细科目：

三级明细科目：

年		凭 证		摘　要	对方科目	借　方	贷　方	借或贷	余　额
月	日	种类	号数						

表 3-1-109

预 收 账 款 明 细 账

二级明细科目：

三级明细科目：

年		凭 证		摘　要	对方科目	借　方	贷　方	借或贷	余　额
月	日	种类	号数						

表 3-1-110

应 交 税 费 明 细 账

二级明细科目：

三级明细科目：

年		凭证		摘　要	对方科目	借　方	贷　方	借或贷	余　额
月	日	种类	号数						

表 3-1-111

应 交 税 费 明 细 账

二级明细科目：

三级明细科目：

年		凭证		摘　要	对方科目	借　方	贷　方	借或贷	余　额
月	日	种类	号数						

表 3-1-112

应 交 税 费 明 细 账

二级明细科目：

三级明细科目：

年		凭证		摘　要	对方科目	借　方	贷　方	借或贷	余　额
月	日	种类	号数						

表 3-1-113

应 交 税 费 明 细 账

二级明细科目：

三级明细科目：

年		凭　证		摘　要	对方科目	借　方	贷　方	借或贷	余　额
月	日	种类	号数						

表 3-1-114

库 存 现 金 总 账

年		凭　证		摘　要	借　方	贷　方	借或贷	余　额
月	日	种类	号数					

表 3-1-115

银 行 存 款 总 账

年		凭　证		摘　要	借　方	贷　方	借或贷	余　额
月	日	种类	号数					

表 3-1-116

应 收 票 据 总 账

年		凭 证		摘　要	借　方	贷　方	借或贷	余　额
月	日	种类	号数					

表 3-1-117

应 收 账 款 总 账

年		凭 证		摘　要	借　方	贷　方	借或贷	余　额
月	日	种类	号数					

表 3-1-118

预 付 账 款 总 账

年		凭 证		摘　要	借　方	贷　方	借或贷	余　额
月	日	种类	号数					

表 3-1-119

其 他 应 收 款 总 账

年		凭 证		摘　要	借　方	贷　方	借或贷	余　额
月	日	种类	号数					

表 3-1-120

材 料 采 购 总 账

年		凭 证		摘　要	借　方	贷　方	借或贷	余　额
月	日	种类	号数					

表 3-1-121

原 材 料 总 账

年		凭 证		摘　要	借　方	贷　方	借或贷	余　额
月	日	种类	号数					

表 3-1-122

库 存 商 品 总 账

年		凭 证		摘 要	借 方	贷 方	借或贷	余 额
月	日	种类	号数					

表 3-1-123

固 定 资 产 总 账

年		凭 证		摘 要	借 方	贷 方	借或贷	余 额
月	日	种类	号数					

表 3-1-124

累 计 折 旧 总 账

年		凭 证		摘 要	借 方	贷 方	借或贷	余 额
月	日	种类	号数					

表 3-1-125

生 产 成 本 总 账

年		凭 证		摘 要	借 方	贷 方	借或贷	余 额
月	日	种类	号数					

表 3-1-126

制 造 费 用 总 账

年		凭 证		摘 要	借 方	贷 方	借或贷	余 额
月	日	种类	号数					

表 3-1-127

短 期 借 款 总 账

年		凭 证		摘 要	借 方	贷 方	借或贷	余 额
月	日	种类	号数					

表 3-1-125

生 产 成 本 总 账

年		凭证		摘 要	借 方	贷 方	借或贷	余 额
月	日	种类	号数					

表 3-1-126

制 造 费 用 总 账

年		凭证		摘 要	借 方	贷 方	借或贷	余 额
月	日	种类	号数					

表 3-1-127

短 期 借 款 总 账

年		凭证		摘 要	借 方	贷 方	借或贷	余 额
月	日	种类	号数					

表 3-1-128

应 付 票 据 总 账

年		凭 证		摘　要	借　方	贷　方	借或贷	余　额
月	日	种类	号数					

表 3-1-129

应 付 账 款 总 账

年		凭 证		摘　要	借　方	贷　方	借或贷	余　额
月	日	种类	号数					

表 3-1-130

其 他 应 付 款 总 账

年		凭 证		摘　要	借　方	贷　方	借或贷	余　额
月	日	种类	号数					

表 3-1-131

应 付 职 工 薪 酬 总 账

年		凭 证		摘 要	借 方	贷 方	借或贷	余 额
月	日	种类	号数					

表 3-1-132

应 交 税 费 总 账

年		凭 证		摘 要	借 方	贷 方	借或贷	余 额
月	日	种类	号数					

表 3-1-133

预 收 账 款 总 账

年		凭 证		摘 要	借 方	贷 方	借或贷	余 额
月	日	种类	号数					

面向「十二五」高职高专项目导向式教改教材·财经系列

表 3-1-134

应 付 利 息 总 账

年		凭 证		摘 要	借 方	贷 方	借或贷	余 额
月	日	种类	号数					

表 3-1-135

应 付 利 润 总 账

年		凭 证		摘 要	借 方	贷 方	借或贷	余 额
月	日	种类	号数					

表 3-1-136

实 收 资 本 总 账

年		凭 证		摘 要	借 方	贷 方	借或贷	余 额
月	日	种类	号数					

表 3-1-137

资 本 公 积 总 账

年		凭 证		摘 要	借 方	贷 方	借或贷	余 额
月	日	种类	号数					

表 3-1-138

盈 余 公 积 总 账

年		凭 证		摘 要	借 方	贷 方	借或贷	余 额
月	日	种类	号数					

表 3-1-139

本 年 利 润 总 账

年		凭 证		摘 要	借 方	贷 方	借或贷	余 额
月	日	种类	号数					

面向『十二五』高职高专项目导向式教改教材·财经系列

表 3-1-140

利 润 分 配 总 账

年		凭 证		摘 要	借 方	贷 方	借或贷	余 额
月	日	种类	号数					

表 3-1-141

主 营 业 务 收 入 总 账

年		凭 证		摘 要	借 方	贷 方	借或贷	余 额
月	日	种类	号数					

表 3-1-142

主 营 业 务 成 本 总 账

年		凭 证		摘 要	借 方	贷 方	借或贷	余 额
月	日	种类	号数					

表 3-1-143

营 业 税 金 及 附 加 总 账

年		凭证		摘 要	借 方	贷 方	借或贷	余 额
月	日	种类	号数					

表 3-1-144

管 理 费 用 总 账

年		凭证		摘 要	借 方	贷 方	借或贷	余 额
月	日	种类	号数					

表 3-1-145

销 售 费 用 总 账

年		凭 证		摘 要	借 方	贷 方	借或贷	余 额
月	日	种类	号数					

面向『十二五』高职高专项目导向式教改教材 · 财经系列

表 3-1-146

财 务 费 用 总 账

年		凭　证		摘　要	借　方	贷　方	借或贷	余　额
月	日	种类	号数					

表 3-1-147

所 得 税 费 用 总 账

年		凭　证		摘　要	借　方	贷　方	借或贷	余　额
月	日	种类	号数					

面向"十二五"高职高专项目导向式教改教材·财经系列

表 3-1-148

总分类账户发生额及余额试算平衡表

会计科目	期初余额		本期发生额		期末余额	
	借方	贷方	借方	贷方	借方	贷方

表 3-1-149

资 产 负 债 表

编制单位：　　　　　　　　　　　　年　月　日　　　　　　　　　　　单位：元

资　产	年初余额	期末余额	负债和所有者权益	年初余额	期末余额
流动资产：			流动负债：		
货币资金			短期借款		
以公允价值计量且其变动计入当期损益的金融资产			以公允价值计量且其变动计入当期损益的金融资负债		
应收票据			应付票据		
应收账款			应付账款		
预付账款			预收账款		
应收利息			应付职工薪酬		
应收股利			应交税费		
其他应收款			应付利息		
存货			应付利润		
一年内到期的非流动资产			其他应付款		
其他流动资产			一年内到期的长期负债		
流动资产合计			其他流动负债		
非流动资产：			流动负债合计		
可供出售金融资产			非流动负债：		
持有至到期投资			长期借款		
长期应收款			应付债券		
长期股权投资			长期应付款		
投资性房地产			专项应付款		
固定资产			预计负债		
在建工程			递延所得税负债		
工程物资			其他非流动负债		
固定资产清理			非流动负债合计		
生产性生物资产			负债合计		
油气资产			所有者权益(或股东权益)：		
无形资产			实收资本(或股本)		
开发支出			资本公积		
商誉			减：库存股		
长期待摊费用			盈余公积		
递延所得税资产			未分配利润		
其他非流动资产			所有者权益合计		
非流动资产合计					
资产总计			负债和所有者权益合计		

表 3-1-150

利 润 表

编制单位：　　　　　　　　　　年　月　　　　　　　　　　单位：元

项　目	本月金额	上期金额
一、营业收入		
减：营业成本		
税金及附加		
销售费用		
管理费用		
财务费用		
资产减值损失		
加：公允价值变动收益(损失以"-"号填列)		
投资收益		
其中：对联营企业和合营企业的投资收益		
二、营业利润(亏损以"-"号填列)		
加：营业外收入		
减：营业外支出		
其中：非流动资产处置损失		
三、利润总额(亏损以"-"号填列)		
减：所得税费用		
四、净利润(净亏损以"-"号填列)		
五、其他综合收益的税后净额		
六、综合收益总额		
七、每股收益		
(一)基本每股收益		
(二)稀释每股收益		

表 3-1-151

科 目 汇 总 表

年　月　日　　　　　　　　　　　　　　　　第　号

会计科目	本期发生额		会计科目	本期发生额	
	借　方	贷　方		借　方	贷　方
合　计			合　计		

表 3-1-152

科 目 汇 总 表

年　月　日　　　　　　　　　　　　　　　　第　号

会计科目	本期发生额		会计科目	本期发生额	
	借　方	贷　方		借　方	贷　方
合　计			合　计		

表 3-1-153

科 目 汇 总 表

年　月　日　　　　　　　　　　　　　　　第　号

会计科目	本期发生额		会计科目	本期发生额	
	借　方	贷　方		借　方	贷　方
合　计			合　计		

表 3-1-154

库 存 现 金 总 账

年		凭　证		摘　要	借　方	贷　方	借或贷	余　额
月	日	种类	号数					

面向『十二五』高职高专项目导向式教改教材·财经系列

表 3-1-155

银 行 存 款 总 账

年		凭 证		摘 要	借 方	贷 方	借或贷	余 额
月	日	种类	号数					

表 3-1-156

应 收 票 据 总 账

年		凭 证		摘 要	借 方	贷 方	借或贷	余 额
月	日	种类	号数					

表 3-1-157

应 收 账 款 总 账

年		凭 证		摘 要	借 方	贷 方	借或贷	余 额
月	日	种类	号数					

表 3-1-158

预 付 账 款 总 账

年		凭 证		摘　要	借　方	贷　方	借或贷	余　额
月	日	种类	号数					

表 3-1-159

其 他 应 收 款 总 账

年		凭 证		摘　要	借　方	贷　方	借或贷	余　额
月	日	种类	号数					

表 3-1-160

材 料 采 购 总 账

年		凭 证		摘　要	借　方	贷　方	借或贷	余　额
月	日	种类	号数					

表 3-1-161

原 材 料 总 账

年		凭 证		摘 要	借 方	贷 方	借或贷	余 额
月	日	种类	号数					

表 3-1-162

库 存 商 品 总 账

年		凭 证		摘 要	借 方	贷 方	借或贷	余 额
月	日	种类	号数					

表 3-1-163

固 定 资 产 总 账

年		凭 证		摘 要	借 方	贷 方	借或贷	余 额
月	日	种类	号数					

表 3-1-164

累 计 折 旧 总 账

年		凭 证		摘 要	借 方	贷 方	借或贷	余 额
月	日	种类	号数					

表 3-1-165

生 产 成 本 总 账

年		凭 证		摘 要	借 方	贷 方	借或贷	余 额
月	日	种类	号数					

表 3-1-166

制 造 费 用 总 账

年		凭 证		摘 要	借 方	贷 方	借或贷	余 额
月	日	种类	号数					

面向『十二五』高职高专项目导向式教改教材 · 财经系列

表 3-1-167

短 期 借 款 总 账

年		凭 证		摘要	借 方	贷 方	借或贷	余 额
月	日	种类	号数					

表 3-1-168

应 付 票 据 总 账

年		凭 证		摘 要	借 方	贷 方	借或贷	余 额
月	日	种类	号数					

表 3-1-169

应 付 账 款 总 账

年		凭 证		摘要	借 方	贷 方	借或贷	余 额
月	日	种类	号数					

表 3-1-170

其 他 应 付 款 总 账

年		凭 证		摘　要	借　方	贷　方	借或贷	余　额
月	日	种类	号数					

表 3-1-171

应 付 职 工 薪 酬 总 账

年		凭 证		摘　要	借　方	贷　方	借或贷	余　额
月	日	种类	号数					

表 3-1-172

应 交 税 费 总 账

年		凭 证		摘　要	借　方	贷　方	借或贷	余　额
月	日	种类	号数					

表 3-1-173

预 收 账 款 总 账

年		凭 证		摘 要	借 方	贷 方	借或贷	余 额
月	日	种类	号数					

表 3-1-174

应 付 利 息 总 账

年		凭 证		摘 要	借 方	贷 方	借或贷	余 额
月	日	种类	号数					

表 3-1-175

应 付 利 润 总 账

年		凭 证		摘 要	借 方	贷 方	借或贷	余 额
月	日	种类	号数					

面向「十二五」高职高专项目导向式教改教材·财经系列

表 3-1-176

实 收 资 本 总 账

年		凭 证		摘　要	借　方	贷　方	借或贷	余　额
月	日	种类	号数					

表 3-1-177

资 本 公 积 总 账

年		凭 证		摘　要	借　方	贷　方	借或贷	余　额
月	日	种类	号数					

表 3-1-178

盈 余 公 积 总 账

年		凭 证		摘　要	借　方	贷　方	借或贷	余　额
月	日	种类	号数					

表 3-1-179

本 年 利 润 总 账

年		凭 证		摘　要	借　方	贷　方	借或贷	余　额
月	日	种类	号数					

表 3-1-180

利 润 分 配 总 账

年		凭 证		摘　要	借　方	贷　方	借或贷	余　额
月	日	种类	号数					

表 3-1-181

主 营 业 务 收 入 总 账

年		凭 证		摘　要	借　方	贷　方	借或贷	余　额
月	日	种类	号数					

表 3-1-182

主 营 业 务 成 本 总 账

年		凭 证		摘　要	借　方	贷　方	借或贷	余　额
月	日	种类	号数					

表 3-1-183

营 业 税 金 及 附 加 总 账

年		凭 证		摘　要	借　方	贷　方	借或贷	余　额
月	日	种类	号数					

表 3-1-184

管 理 费 用 总 账

年		凭 证		摘　要	借　方	贷　方	借或贷	余　额
月	日	种类	号数					

面向"十二五"高职高专项目导向式教改教材·财经系列

表 3-1-185

销 售 费 用 总 账

年		凭　证		摘　要	借　方	贷　方	借或贷	余　额
月	日	种类	号数					

表 3-1-186

财 务 费 用 总 账

年		凭　证		摘　要	借　方	贷　方	借或贷	余　额
月	日	种类	号数					

表 3-1-187

所 得 税 费 用 总 账

年		凭　证		摘　要	借　方	贷　方	借或贷	余　额
月	日	种类	号数					

附：备用记账凭证

记　账　凭　证

年　月　日　　　　　　　编号

摘　要	会计科目		记账	借方余额										贷方余额									
	总账科目	明细科目		千	百	十	万	千	百	十	元	角	分	千	百	十	万	千	百	十	元	角	分
附件　张	合　计																						

会计主管：　　　　记账：　　　　出纳：　　　　审核：　　　　制单：

- ✂

记　账　凭　证

年　月　日　　　　　　　编号

摘　要	会计科目		记账	借方余额										贷方余额									
	总账科目	明细科目		千	百	十	万	千	百	十	元	角	分	千	百	十	万	千	百	十	元	角	分
附件　张	合　计																						

会计主管：　　　　记账：　　　　出纳：　　　　审核：　　　　制单：

记 账 凭 证

年　月　日　　　　　　　　　　编号

摘　要	会计科目		记	借方余额										贷方余额									
	总账科目	明细科目	账	千	百	十	万	千	百	十	元	角	分	千	百	十	万	千	百	十	元	角	分
附件　张	合　计																						

会计主管：　　　　记账：　　　　出纳：　　　　审核：　　　　制单：

记 账 凭 证

年　月　日　　　　　　　　　　编号

摘　要	会计科目		记	借方余额										贷方余额									
	总账科目	明细科目	账	千	百	十	万	千	百	十	元	角	分	千	百	十	万	千	百	十	元	角	分
附件　张	合　计																						

会计主管：　　　　记账：　　　　出纳：　　　　审核：　　　　制单：

记 账 凭 证

年　月　日　　　　　　　　　　编号

摘　要	会计科目		记	借方余额										贷方余额									
	总账科目	明细科目	账	千	百	十	万	千	百	十	元	角	分	千	百	十	万	千	百	十	元	角	分
附件　张	合　计																						

会计主管：　　　　记账：　　　　出纳：　　　　审核：　　　　制单：

面向『十二五』高职高专项目导向式教改教材·财经系列

记　账　凭　证

年　　月　　日　　　　　　　　编号

摘　要	会计科目		记账	借方余额										贷方余额									
	总账科目	明细科目		千	百	十	万	千	百	十	元	角	分	千	百	十	万	千	百	十	元	角	分
附件　张	合　计																						

会计主管：　　　　记账：　　　　出纳：　　　　审核：　　　　制单：

记　账　凭　证

年　　月　　日　　　　　　　　编号

摘　要	会计科目		记账	借方余额										贷方余额									
	总账科目	明细科目		千	百	十	万	千	百	十	元	角	分	千	百	十	万	千	百	十	元	角	分
附件　张	合　计																						

会计主管：　　　　记账：　　　　出纳：　　　　审核：　　　　制单：

记　账　凭　证

年　　月　　日　　　　　　　　编号

摘　要	会计科目		记账	借方余额										贷方余额									
	总账科目	明细科目		千	百	十	万	千	百	十	元	角	分	千	百	十	万	千	百	十	元	角	分
附件　张	合　计																						

会计主管：　　　　记账：　　　　出纳：　　　　审核：　　　　制单：

记 账 凭 证

年　月　日　　　　　　　　编号

摘　要	会计科目		记账	借方余额										贷方余额									
	总账科目	明细科目		千	百	十	万	千	百	十	元	角	分	千	百	十	万	千	百	十	元	角	分
附件　张	合　计																						

会计主管：　　　记账：　　　出纳：　　　审核：　　　制单：

✂

记 账 凭 证

年　月　日　　　　　　　　编号

摘　要	会计科目		记账	借方余额										贷方余额									
	总账科目	明细科目		千	百	十	万	千	百	十	元	角	分	千	百	十	万	千	百	十	元	角	分
附件　张	合　计																						

会计主管：　　　记账：　　　出纳：　　　审核：　　　制单：

✂

记 账 凭 证

年　月　日　　　　　　　　编号

摘　要	会计科目		记账	借方余额										贷方余额									
	总账科目	明细科目		千	百	十	万	千	百	十	元	角	分	千	百	十	万	千	百	十	元	角	分
附件　张	合　计																						

会计主管：　　　记账：　　　出纳：　　　审核：　　　制单：

记 账 凭 证

年　月　日　　　　　　　　编号

摘　要	会计科目		记账	借方余额										贷方余额									
	总账科目	明细科目		千	百	十	万	千	百	十	元	角	分	千	百	十	万	千	百	十	元	角	分
附件　张	合　计																						

会计主管：　　　　记账：　　　　出纳：　　　　审核：　　　　制单：

记 账 凭 证

年　月　日　　　　　　　　编号

摘　要	会计科目		记账	借方余额										贷方余额									
	总账科目	明细科目		千	百	十	万	千	百	十	元	角	分	千	百	十	万	千	百	十	元	角	分
附件　张	合　计																						

会计主管：　　　　记账：　　　　出纳：　　　　审核：　　　　制单：

记 账 凭 证

年　月　日　　　　　　　　编号

摘　要	会计科目		记账	借方余额										贷方余额									
	总账科目	明细科目		千	百	十	万	千	百	十	元	角	分	千	百	十	万	千	百	十	元	角	分
附件　张	合　计																						

会计主管：　　　　记账：　　　　出纳：　　　　审核：　　　　制单：

记　账　凭　证

年　月　日　　　　　　　　　　编号

摘　要	会计科目		记账	借方余额										贷方余额									
	总账科目	明细科目		千	百	十	万	千	百	十	元	角	分	千	百	十	万	千	百	十	元	角	分
附件　张　合　计																							

会计主管：　　　　　记账：　　　　　出纳：　　　　　审核：　　　　　制单：

- ✂

记　账　凭　证

年　月　日　　　　　　　　　　编号

摘　要	会计科目		记账	借方余额										贷方余额									
	总账科目	明细科目		千	百	十	万	千	百	十	元	角	分	千	百	十	万	千	百	十	元	角	分
附件　张　合　计																							

会计主管：　　　　　记账：　　　　　出纳：　　　　　审核：　　　　　制单：

- ✂

记　账　凭　证

年　月　日　　　　　　　　　　编号

摘　要	会计科目		记账	借方余额										贷方余额									
	总账科目	明细科目		千	百	十	万	千	百	十	元	角	分	千	百	十	万	千	百	十	元	角	分
附件　张　合　计																							

会计主管：　　　　　记账：　　　　　出纳：　　　　　审核：　　　　　制单：

记 账 凭 证

年　　月　　日　　　　　　　　　编号

摘　要	会计科目		记账	借方余额										贷方余额									
	总账科目	明细科目		千	百	十	万	千	百	十	元	角	分	千	百	十	万	千	百	十	元	角	分
附件　张	合　计																						

会计主管：　　　　　记账：　　　　　出纳：　　　　　审核：　　　　　制单：

✂

记 账 凭 证

年　　月　　日　　　　　　　　　编号

摘　要	会计科目		记账	借方余额										贷方余额									
	总账科目	明细科目		千	百	十	万	千	百	十	元	角	分	千	百	十	万	千	百	十	元	角	分
附件　张	合　计																						

会计主管：　　　　　记账：　　　　　出纳：　　　　　审核：　　　　　制单：

✂

记 账 凭 证

年　　月　　日　　　　　　　　　编号

摘　要	会计科目		记账	借方余额										贷方余额									
	总账科目	明细科目		千	百	十	万	千	百	十	元	角	分	千	百	十	万	千	百	十	元	角	分
附件　张	合　计																						

会计主管：　　　　　记账：　　　　　出纳：　　　　　审核：　　　　　制单：

面向『十二五』高职高专项目导向式教改教材·财经系列

参 考 文 献

[1] 企业会计准则编审委员会. 企业会计准则 2015 年版[M]. 上海：立信会计出版社，2015.

[2] 企业会计准则编审委员会. 企业会计准则应用指南 2015 年版[M]. 上海：立信会计出版社，2015.

[3] 新发布企业会计准则解读编写组. 新发布企业会计准则解读(第 2. 9. 30. 33. 37. 39. 40. 41 号)[M]. 上海：立信会计出版社，2015.

[4] 企业会计准则编审委员会. 企业会计准则案例讲解 2015 年版[M]. 上海：立信会计出版社，2015.

[5]财政部会计资格评价中心. 初级会计实务[M]. 北京：中国财政经济出版社，2015.

[6]会计从业资格考试教材编委会. 会计基础[M]. 北京：中国财政经济出版社，2016.

[7] 李红梅，崔喜元. 基础会计模拟实训[M]. 北京：中国经济出版社，2013.

[8] 李新. 基础会计模拟实训[M]. 2 版. 上海：立信会计出版社，2015.

[9] 沈航，杨凤鸣，刘晓英. 基础会计模拟实训[M]. 长沙：中南大学出版社，2016.

[10] 陈晓华，林芝. 基础会计模拟实训[M]. 武汉：武汉大学出版社，2015.

[11] 张洪波. 会计基础模拟实训[M]. 北京：中国财政经济出版社，2014.